太极八法五步

徐海亮　何永棠　编著

人民体育出版社

图书在版编目（CIP）数据

太极八法五步 / 徐海亮, 何永棠编著. -- 北京：人民体育出版社, 2025. -- ISBN 978-7-5009-6508-4

Ⅰ. G852.11

中国国家版本馆CIP数据核字第2024A4Z962号

太极八法五步

徐海亮　何永棠　编著
出版发行：人民体育出版社
印　　装：北京新华印刷有限公司

开本：850×1168　32开本　　印张：4.75　　字数：101千字
版次：2025年7月第1版　　印次：2025年7月第1次印刷
书号：ISBN 978-7-5009-6508-4
印数：1—3,000 册
定价：40.00元

版权所有·侵权必究
购买本社图书，如遇有缺损页可与发行与市场营销部联系
联系电话：（010）67151482
社　　址：北京市东城区体育馆路8号（100061）
网　　址：https://books.sports.cn/

练功不辍（一）　　　　　练功不辍（二）

恩师陈小旺先生手把手指导作者练拳

担任陈小旺太极拳高级培训班助教

率领广东省"武术进校园"咏春拳教练团队练拳

应邀参加世界门萨俱乐部（MENSA International）亚洲年会

作者简介

徐海亮，祖籍吉林，中国武术协会会员，中国武术七段，国家级武术段位考评员，国家社会体育指导员，中国武术协会社会武术高级教练员，武术套路一级裁判员，武术散打一级裁判员，陈式太极拳六段，武术散打六段，咏春拳六段。

中国陈家沟陈氏太极拳协会理事，国际太极拳赛传统陈氏太极拳金牌获得者、国际太极拳年会评定太极拳拳师、国际太极拳大师陈小旺先生入室弟子，连续多年担任恩师陈小旺太极拳高级培训班助教；曾受聘于中国南方电网公司总部、中国农业银行、中国建设银行等大型国企以及广东外语外贸大学等高校担任太极拳导师。

毕业于武汉体育学院武术专业，曾系统学练传统武术、散打、竞技武术，任专职武术教练20多年，本人及队员在国家级、省市级比赛中多次获得佳绩。在《中华武术》《武林》《少林与太极》等武术专业刊物上发表文章20多篇。曾进修于北京语言大学，获得北京语言大学国际汉语教师教学能力证书，可用全英文进行武术教学。翻译出版武术专业著作2部，翻译出版太极、少林、形意、八卦、咏春、散打等各派武术名家音像教学片300多种（系列）并销于海内外。2012年入选中国当代太极拳名家，2018年入载《中国当代武林人物志》。

2016年参与编写广东省南拳段位系列教程《咏春拳》《洪拳》《蔡李佛拳》《莫家拳》等教程，任编写专家组成员、主要执笔。2017年4月担任"中华人民共和国第十三届全国运动会太极拳公开赛（广州赛区）"裁判员；2018年8月担任"佛山高新区杯"国际武术联合会咏春拳大赛仲裁委员会委员、外籍运动员咏春拳培训教练；2018年11月受聘担任世界龙迷会专家组顾问；2023年3月受聘担任广东省港澳海外咏春拳推广专委会总顾问。

现任广东省武术协会副秘书长、广东省武术协会科研部执行部长，先后组织10期广东省武术进校园咏春拳教练员培训、鹤山市万名中小学生咏春拳汇演暨国家段位考评、佛山市武术进校园（咏春拳）骨干教师培训、佛山市"百师带百校"咏春拳骨干教师培训、肇庆市广宁县洪拳教师教练员培训等大型武术培训工作。参与组织许多大型赛事，曾担任2020年广东省老年人太极拳太极剑比赛副总裁判长、2023年广东省武术精英大赛竞赛监督、2024年7月担任全国武术进校园试点单位（广东）师资班太极拳导师、2024年10月担任全国太极拳健身站点教练员（广东）师资培训班太极拳导师。

作者简介

何永棠，籍贯广东省广州市，汉族，本科学历，学士学位。

杨氏太极拳第五代传人及广州市天河区非物质文化遗产项目杨氏太极拳代表性传承人，中国武术高段位七段，中国武术一级裁判员，全国青少年运动技能等级标准考评员，广东省武术社会体育指导员国家职业资格培训师，获中华人民共和国武术职业资格证书。

武术套路段位国家级考评员，参与广州市武术协会《中国武术段位制段位技术考评》的组织管理工作，并多次担任广东省武术协会武术比赛暨中国武术段位制段位技术考评"杨式太极拳培训班专家导师""段位制考评委员会考评长"、广州市天河区"绚丽天河天河区公益文化艺术普及活动"指导专家，获广州市武术协会成立60周年成就奖，获邯郸市杨氏太极拳研究中心授予"杨氏太极拳风云人物""杨氏太极拳传承杰出人物"称号。

示范者：向燕，女，祖籍重庆。中国武术协会会员，中国武术七段，国家级社会体育指导员，中国武术协会社会武术教练员，中国健身气功一级裁判员，深圳市龙岗街道老年大学名师工作室太极名师，深圳市龙岗区文广旅体局签约外派太极拳教练员。

曾获得2012年深圳市第十四届传统武术精英大赛42式太极拳赛套路第一名；2013年广东省第六届武术精英大赛女子陈式太极拳竞赛套路金奖；2014年深圳市第十六届传统武术精英大赛42式太极剑第一名；2015年深圳市第十七届传统武术精英大赛传统陈式太极拳第一名；2016年中国黄山国际武术大赛成年女子组规定陈式太极拳金牌第一名、陈氏太极春秋大刀金牌第一名。2019年香港第二届国际武术大赛女子传统陈式太极拳第一名、42式太极剑第一名、24式太极拳第一名、成年组女子个人全能冠军；2022年深圳市首届太极拳精英赛成年女子组规定陈式太极拳第一名；2023年广东省第十六届运动会成年女子组规定陈式太极拳第二名。

前　言

太极拳八法五步套路是国家体育总局武术运动管理中心为了更好地宣传、推广、普及太极拳，弘扬中国传统文化，本着科学化、规范化、简易化的原则，从各流派太极拳共性的核心技术掤、捋、挤、按、採、挒、肘、靠八种技法，以及进、退、顾、盼、定五种步法入手，经过系统的提炼和整理而成。其套路结构合理、动作简单、数量适中、内涵丰富、易学易记，先是原地练习，然后移动练习，兼顾了身体左右对称的锻炼，动作安排具有较强的科学性，是易学易练的太极拳入门套路，也是较为理想的健身养生套路。通过练习可以使习练者更加清晰地理解太极八法的技术要领和劲力特点，并能将五步方位结合身法的运用，从而提高太极拳的实战技能。

自从太极拳八法五步套路推出以后，全国各地的武术协会进行了广泛的普及和推广教学，参加培训学习的人员包含各个流派的太极拳练习者和大量武术爱好者。练好太极拳八法五步几乎成了每一个习练者的必修课。那么，如何熟记太极拳八法五步套路、练好太极拳八法五步技术动作、理解太极拳八法五步的八种劲力、利用太极拳八法五步动作养生以及运用太极拳八法五步动作进行实战防身等方面的问题，就摆在了广大习练者的面前。

太极拳是一种优秀的传统武术，也是中国传统文化的一个良好载体。太极拳八法五步的动作来源于中国传统太极拳体系，它的理论来源于王宗岳的《长拳十三势论》。所以，要想学好太极拳八法五步套路，首先要对它的出处有一个清楚的了解。

太极拳因弧线运动可以连续不断、缠绵不绝，因此早期也叫长拳。在有些版本中，王宗岳的《长拳十三势论》是作为《太极拳论》的一部分，而有的版本则把它分开而论。

王宗岳的《长拳十三势论》也被称为《太极拳释名》，是对太极拳八法五步最早的论述，即"太极拳，一名长拳，又名十三势。长拳者，如长江大海，滔滔不绝也。十三势者，掤、捋、挤、按、採、挒、肘、靠、进、退、顾、盼、定也。掤、捋、挤、按，即乾、坤、坎、离，四正方也。採、挒、肘、靠，即巽、震、兑、艮，四斜角也。此八卦也。进步、退步、左顾、右盼、中定，即金、木、水、火、土也。此五行也。合而言之，曰十三势。"

掤、捋、挤、按是"四正"的方向，即东、南、西、北四个方位；採、挒、肘、靠是"四隅"，也就是东南、东北、西南、西北的四个方位；进、退、顾、盼、定是前、后、左、右、中五个方位。前八字暗含八卦的八方，为八种技法；后五字则合五行之数,为五种步法,共为十三势。

太极拳八法五步套路把太极十三势的八法五步技术具体体现出来,是对传统太极拳的继承和发展。常言道:"文武不分家。"我们在练习这个套路的时候,也可以说是对太极拳文化和技术的继承和发扬。

为了帮助大家练好太极八法五步,本书第一章对太极八法五步套路进行了简单介绍,第一节对太极八法五步套路特点和结构进行了解析,通过技术对比、动作分组等方法,使大家对套路框架有一个清晰的认知,这样不仅可以使大家理解套路编排的思路,也能够让大家更加容易记住套路动作。第二节对太极八法五步套路中的基本动作做了具体介绍和讲解,为进一步掌握好整个套路奠定基础。第三节对太极八法五步套路的核心技术做了详细的讲解和说明,特别是对太极拳核心技术和劲力的解释和剖析,可以使大家更加清晰地理解太极拳掤、捋、挤、按、採、挒、肘、靠八种技法,以及对进、退、顾、盼、定五种步法的内涵有更加具体的认知。

本书第二章对太极八法五步套路中的动作技术进行了逐一系统的讲解,对动作练习方法和技术要领做了详细的说明。

本书第三章是太极拳拳法拳理部分,第一节介绍了目前流行的几个太极拳流派;第二节挑选了一些比较经典、传统的太极拳理论,分享给广大太极拳爱好者,希望大家能从中领悟出太极拳的真谛；第三节是作者本人在武术专业期刊上发表的一些文章，多是自己的练拳体会，希望能给广大武术爱好者提供一些有益的启示。

希望各位拳友通过阅读本书，能够练好太极八法五步的动作技术，能够享受太极拳带来的健康人生，并能够让自己拥有防身自卫的能力。

由于个人水平有限，如有不当之处，敬请批评指正。

徐海亮

目 录

第一章 太极八法五步套路简介 …………… 1
　第一节　太极八法五步套路特点与结构分析 ………… 1
　第二节　太极八法五步套路的基本动作 ………… 6
　第三节　太极八法五步套路的核心技术 ………… 10

第二章 太极八法五步套路动作图解 …………… 16
　第一节　太极八法五步套路动作名称 ………… 16
　第二节　太极八法五步套路动作技术图解 ………… 18

第三章 太极拳拳法拳理 …………… 86
　第一节　主要太极拳流派简介 ………… 86
　第二节　太极拳经典拳论 ………… 90
　　一、《太极拳论》………… 90
　　二、《十三势行功心解》………… 90
　　三、《太极十三势歌》………… 91
　　四、《五字诀》………… 92
　　五、《陈子明太极拳论》………… 93
　　六、《太极拳十要》………… 94
　　七、《全体大用诀》………… 96

八、《拳经总歌》 ································· 97
第三节　徐海亮发表的武术文章选录 ············ 99
　一、《在练习太极拳过程中如何预防膝关节
　　　疼痛和损伤》 ····························· 99
　二、《太极拳推手的劲力机理与发劲原则》 ······ 106
　三、《陈式太极拳的健身与养生效用》 ··········· 114
　四、《陈式太极拳九节十八要论》 ··············· 120
　五、《陈小旺太极拳十大要论》 ················· 124
　六、《武术中的缠丝劲》 ······················· 132
后　记 ··· 138

第一章　太极八法五步套路简介

第一节　太极八法五步套路特点与结构分析

太极八法五步套路是国家体育总局武术运动管理中心为了更好地宣传、推广、普及太极拳，在现有各流派太极拳的基础上，从传统太极拳核心技术掤、捋、挤、按、采、挒、肘、靠八种技法以及进、退、顾、盼、定五种步法入手，进行了系统的提炼和整理而成。其动作结构简单，数量合理，内涵丰富，易学易练，是较为理想的太极拳入门套路。

套路特点：一是继承传统，展现核心技术；二是左右对称，健身效果全面；三是动作简单，易学习好掌握；四是难度较低，适合各个年龄段。

在传统太极拳体系中，掤、捋、挤、按、采、挒、肘、靠八种技法，以及进、退、顾、盼、定五种步法，合称十三势，是太极拳的核心技术。在这个套路里力求把八法五步的技术全面表现出来，这是对传统太极拳技术的继承和发扬。

左右对称是这个套路编排的一个主要特点。整个套路中有主要动作三十个，加上前后两个抱拳礼，起势和收势，共计三十四个动作。抱拳礼，起势和收势可以单独练习。

全套技术动作可以分成七组，分组方法如下：

抱拳礼

起势

第一组

    1.左掤势   2.右捋势   3.左挤势   4.双按势

    5.右採势   6.左挒势   7.左肘势   8.右靠势

第二组

    9.右掤势   10.左捋势   11.右挤势   12.双按势

    13.左採势   14.右挒势   15.右肘势   16.左靠势

第三组

    17.进步左右掤势   18.退步左右捋势

第四组

    19.左移步左挤势   20.左移步双按势

    21.右移步右挤势   22.右移步双按势

第五组

    23.退步左右採势   24.进步左右挒势

第六组

    25.右移步右肘势   26.右移步右靠势

    27.左移步左肘势   28.左移步左靠势

第七组

    29.中定左右独立势   30.十字手

收势

抱拳礼

合理的分组可以有效地帮助练习者尽快记住动作名称，从而更快、更熟练地掌握技术动作。记忆方法列举分析如下：

抱拳礼和起势可以单独记忆。

第一组包含8个动作，从第1式"左掤势"至第8式"右靠势"是一个太极拳八法技术组合，即掤、捋、挤、按、採、挒、肘、靠八种技法的连续演练。分别列举如下：

1.左掤势　　2.右捋势　　3.左挤势　　4.双按势

5.右採势　　6.左挒势　　7.左肘势　　8.右靠势

第二组包含8个动作，从第9式"右掤势"至第16式"左靠势"也是一个太极拳八法技术组合，与第一组的8个动作左右对称的。分别列举如下：

9.右掤势　　10.左捋势　　11.右挤势　　12.双按势

13.左採势　　14.右挒势　　15.右肘势　　16.左靠势

大家在学习动作的时候，完全可以对应着记忆。如果想记得扎实，可以先把前面第一组的8个动作记得熟练了，再学习第二组的8个动作。这样不仅利于提高第一组的动作质量，而且可以更容易记住第二组的8个动作。

第三组包含2个动作，即：

17.进步左右掤势　　　　18.退步左右捋势

这两式也是相对应的两个动作,进左步的同时左手向前掤,进右步的同时右手向前掤;原地双手向左后方捋,退右步双手向右后方捋。大家一定要注意这里只有一个退步,是退右步。进步向前掤与退步向后捋,在势态上是前后对应,掤和捋的技术动作是左右对称的。

第四组包含4个动作,即:

19.左移步左挤势　　　20.左移步双按势

21.右移步右挤势　　　22.右移步双按势

这4个动作是先左左、后右右,即先进行向左的两个动作,再进行向右的两个动作;向右的第一个动作与向左的第一个动作相对应;向右的第二个动作与向左的第二个动作相对应。相对应的动作相同,只是方向相反。

第五组包含2个动作,即:

23.退步左右採势　　　24.进步左右挒势

本组的两个动作是先向后退两步,再向前进两步。先退左步,再退右步;然后再向前进左步,再进右步。其步法特点是左右、左右。上肢动作与下肢动作相协调,左脚退步,双手向左后採;右脚退步双手向右后採;左脚进步,两手向左挒;右脚进步,两手向右挒。

第六组包含4个动作,即:

25.右移步右肘势　　　26.右移步右靠势

27.左移步左肘势　　　28.左移步左靠势

本组的四个动作中步法的特点是右右、左左,即先向右移步,再向右移步,两次向右;然后再向左两次移步。上肢动作方面:第二次向左移步的肘法跟第一次向右移步的肘法动作相同,方向相反。第二次向左移步的靠法跟第一次向右移步的靠法是一样的动作,方向相反。

第七组包含2个动作,即:

29.中定左右独立势　　　30.十字手

其中第29式和30式是两个中定动作。左右独立势是左、右腿提膝抬掌,是左右对称的动作;十字手是单独的身体左右肢体对称动作。

收势和抱拳礼可以单独记忆。

通过对套路结构的分析,我们可以看出整个套路核心思想是要凸显太极十三势的主要技术,同时体现了一个主要的太极思想,那就是平衡,即左右对称平衡和阴阳平衡。在太极拳的技术和理论中,平衡是贯穿于整个体系之中的,所以我们在练习太极八法五步套路的过程中,一定要掌握和运用这种平衡的指导思想。

第二节　太极拳八法五步套路的基本动作

一、手型

1. 拳

五指卷屈，拇指压于食指与中指第二指节上。握拳不可太紧，拳面要平。

2. 掌

五指自然舒展分开，掌心微合，虎口呈弧形。掌指不可以用力张开，也不可以松软卷曲。

二、掌法

1. 双推掌

两臂屈于胸前，沉肩、坠肘、坐腕，掌心斜相对，两臂内旋向前推出，掌指向上，宽不过肩；劲达掌根。

2. 平分掌

两掌屈臂交叉于胸前，两臂内旋经面前划弧向左、右分开，两掌约与耳平，掌心向外，两臂呈弧形。

孙式平分掌：两臂屈于胸前，手心相对，两手向左、右内旋慢慢分开，掌心向外，掌指向上，高不过眉，低不过肩，两臂呈弧形。

三、步型

1. 弓步

前腿全脚着地，脚尖向前，屈膝前弓，膝盖不超过脚尖，后腿自然伸直，脚尖斜向前方，全脚着地，两脚横向距离10~20厘米。

2. 马步

两脚左右开立，约为脚长的3倍；脚尖正对前方，屈膝半蹲。

3. 独立步

一腿自然直立，支撑站稳，另一腿在体前屈膝提起，膝盖要高于胯，小腿自然下垂，脚尖自然朝下。

四、步法

1. 上步

一腿支撑，另一腿提脚经支撑腿内侧向前迈出一步，脚跟先着地，随着重心前移，全脚着地。

2. 退步

一腿支撑，另一腿提脚经支撑腿内侧向后撤退一步，前脚掌先着地，随着重心后移，全脚着地。

3. 横开步

一腿支撑，另一腿提脚侧向开步，前脚掌先着地，随着重心横移，全脚着地。

4. 跟步

身体重心前移,后脚向前跟进半步,脚尖或前脚掌着地。

五、身型

1. 头

向上虚劲领起,下颌微内收,不可偏歪或摇摆。

2. 颈

自然竖直,中正自然,肌肉不可紧张。

3. 肩

保持松沉,不可耸起,也不可后张或前扣。

4. 肘

自然下坠,不可僵直,不可外翻或扬起。

5. 胸

舒松自然,不要外挺,也不要故意内缩。

6. 背

自然放松,舒展拔伸,不可弓背。

7. 腰

自然放松,不可后弓或前挺,运转要灵活,以腰为轴带动手足。

8. 脊

保持正直,不可左歪右斜,前挺后弓。

9. 臀、胯

臀要注意敛收，不可向后突出或摇摆，胯要松缩、归正。不可左右突出歪扭。

10. 膝

伸屈要柔和自然。

六、身法

总的要求是端正自然，不偏不倚，舒展大方，旋转松活；不可僵滞浮软、忽起忽落；动作要以腰为轴，带动上下，完整贯穿。

第三节 太极八法五步套路的核心技术

太极八法五步的核心技术是掤、捋、挤、按、採、挒、肘、靠、进、退、顾、盼、定，即太极十三势，其来源于王宗岳的《长拳十三势论》。

太极拳因弧线运动可以连续不断、缠绵不绝，因此早期也将其称为长拳。在有些版本中，王宗岳的《长拳十三势论》是作为《太极拳论》的一部分，而有的版本则把它分开而论。

王宗岳的《长拳十三势论》是对八法五步最早的论述。"长拳者：如长江大海，滔滔不绝也。十三势者：掤、捋、挤、按、採、挒、肘、靠，此八卦也。进步、退步、左顾、右盼、中定，此五行也。掤、捋、挤、按，即乾、坤、坎、离四正方也。採、挒、肘、靠，即巽、震、兑、艮四斜角也。进、退、顾、盼、定，即金、木、水、火、土也。合之则为十三势也。"掤、捋、挤、按是"四正"的方向，即东、南、西、北四个方向；採、挒、肘、靠是"四隅"，也就是东南、东北、西南、西北的四个方向；进、退、顾、盼、定是前、后、左、右、中五个方位。前八字暗含八卦的八方，后五字则合五行之数，共为十三势。

王宗岳的《长拳十三势论》对八法五步的论述，不仅是技术内容，还有文化内涵。这里我们只对技术层面加以介绍。

太极八法五步在各派太极拳技术中都得到了继承和发展。例如，"掤"作为技术，陈式太极拳的技术要领是：臂内旋或外旋掤出，须舒展，呈弧形；异侧一手可辅助，劲贯前臂外侧，也可以同时向后捋带。杨式太极拳的技术要领是：手臂须呈弧形，高不过口，肘微低于手，手指不可僵直，不可软弱无力；后手可按在体侧，也可随前手推出，两臂呈弧形。吴式太极拳的技术要领是：两臂呈弧形，前手高不过眼，掌指异侧斜上方，掌心向内；后手掌指靠近前手前臂内侧，掌指微朝异侧斜上方，掌心向外。

可以看出，各流派太极拳的动作虽然多少都有一些不同，但大同小异。基本要领都是：手臂向外、向上掤托，掌心由内向外或多或少要有些旋转，屈肘要大于直角，呈弧度撑开、撑圆；向外掤的时候，不仅要用臂力，而且要与腰、胯、腿、肩、肘协调配合，周身一家、完整一气。

"捋"在陈式、杨式、吴式等各派太极拳中的技术要领大致相同，都是臂呈弧形，单手或双手向左（或向右）侧后捋，臂需内旋或外旋，动作走弧形，劲力贯穿于前臂尺骨一侧和手掌。做捋的时候，要注重身法变化，转腰旋胯移重心。目的是顺其来势，引进落空，用于化劲。

"挤"在陈式太极拳中一般是以臂外侧和肩部挤出，臂呈弧形；异侧一手可以辅助。在杨式、吴式太极拳中，一臂屈于胸前，掌心向内；另一掌心向外，附于屈手的腕内侧，同时前挤，两臂撑圆，前臂高不过口。

"按"在各个流派的太极拳中，基本动作是用单手或双手向前或向前下、侧面前下方推按，力达掌根，手臂微屈。

采、挒、肘、靠四法，仅以本套路技术为主。因在各派太极拳中的技术要求有很多不同，所以在这里不多加介绍。

上述八法，不仅是技术动作，还是劲力方法。我们在理解劲力内涵的基础上，可以更好地理解动作的技术要领。在《杨氏老谱秘传太极八法》里面针对八法有相应的口诀，对我们正确理解八法的劲力和技术有着重要的指导意义。

一、"掤劲"的口诀

"掤劲义何解？如水负行舟。先实丹田气，次要顶头悬。全体弹簧力，开合一定间。任有千斤重，飘浮亦不难。"

掤劲是向外的弹簧劲，是太极拳的主劲，所以有人把太极拳称为"掤劲拳"，也就是说，太极拳处处要有掤意。拳诀中说"掤在两臂"，指的是手臂要撑圆，与身体保持一定的空间距离。其实身体的各个部位都要有向外的圆撑力，犹如围墙，并要带有弹性，用于攻防和走化，御敌于墙外。使用的时候要贯彻敌退我进、敌进我退黏住对方的劲力，顺势化解对方劲力。

二、"捋劲"的口诀

"捋劲义何解？引导使之前。顺其来势力，轻灵不丢顶。力尽自然空，丢击任自然。重心自维持，莫为他人乘。"

捋劲在太极拳中是化劲，根据对方的来劲进行走化。拳诀中说"捋在掌中"，就是要根据对方的劲力情况，用双手控制对方的手臂，顺着对方的劲力方向牵引对方，要转腰、坐胯向自身侧面斜线走化，略加改变对方力的方向，因势利导化解对方劲力，然后变招进攻。

三、"挤劲"的口诀

"挤劲义何解？用时有两方。直接单纯意，迎合一动中。间接反应力，如球来碰壁。又如钱投鼓，跃然击铿锵。"

拳诀中说"挤在掌背"，挤劲是进攻的劲，是直向劲。我们在捋开对方的劲力之后，要封闭对方的劲路，将其逼到死角后才可以用挤的动作把对方击出。挤劲是合劲、长劲，要把两手的劲力合成一个劲力放长进攻对方。

四、"按劲"的口诀

"按劲义何解？运用如水行。柔中寓刚强，急流势难当。遇高则膨满，逢洼向下潜。波浪有起伏，有孔无不入。"

"按劲"是进攻的劲，也是长劲，不能只靠手臂的力量，还要用腰劲，正如拳诀中所说"按在腰攻"。在使用的时候，接住对方的劲力以后要向上提或向左、向右走化对方的来劲，要沉肩坠肘，先内收，然后使用按劲，向外、向下或向上按推，用腰身的长劲把对方发出。

五、"採劲"的口诀

"採劲义何解？如权之引衡。任尔力巨细，权后知轻重。转移只四两，千斤亦可平。若问理何在，杠杆之作用。"

拳诀中说"採在十指"，採劲是短促的抓拿劲，一般是先捋后採，捋要轻，採要实，一松一紧或一落即採，如采茶摘花，劲在手指，迅速一闪，变换劲力方向，使对方劲力落空跌出。

六、"挒劲"的口诀

"挒劲义何解？旋转若飞轮。投物于其上，脱然掷丈寻。君不见漩涡，卷浪若螺纹。落叶堕其上，倏尔便沉沦。"

挒劲是一种向外横採带的螺旋劲力，手臂动作比较明显。拳诀中说"挒在两肱"，要以腰为轴，上下协调，用手臂带动对方的劲力沿着切线方向运行，使对方身体旋转不能自控而失重。

七、"肘劲"的口诀

"肘劲义何解？方法有五行。阴阳分上下，虚实须辨清。连环势莫当，开花捶更凶。六劲融通后，运用始无穷。"

拳诀中说"肘在曲使"，肘劲是短促曲使劲，全身聚劲发于一端，发劲要冷脆，可以连环使用，并且可以接在其他动作技法之后，劲力十足，容易伤人，所以要慎用。

八、"靠劲"的口诀

"靠劲义何解？其法分肩背。斜飞势用肩，肩中还有背。一旦得机势，轰然如捣碓。仔细维重心，失中徒无功。"

拳诀中说"靠在肩胸"，靠劲主要是以肩、胸、背向外击人之力，其实身体其他各部位如胯、臀等都可以使用靠法，可以理解为"身打为靠"。靠要贴身近打，把全身之力发于一处，要刚猛冷脆如爆炸之势把对方击出。

可以看出，太极八法劲力是要透过技术提炼出来的，反过来，技术要凸显劲力才能实现动作的内外统一。

大家知道，武术攻防都会存在距离，那么技术得到具体实施就要配合步法，只有步法到位才能达到进攻或防守的效果。太极步法有"五步"，就是我们常说的进、退、顾、盼、定，即前进、后退、左顾、右盼、中定。有时候也可以泛指在五个方向上的动作、步法或者身法。

太极八法和五步的技术动作很少被单独使用。在演练和实战的时候，八法和五步多是相互配合、综合使用的，所以在理解单独技术的基础上，在演练过程中，要注意八法和五步的配合及协调性训练，把它们融为一体，这样才能达到健身养生的效果，也只有这样才能在实战中发挥整体技术的实效性。

第二章 太极八法五步套路动作图解

第一节 太极八法五步套路动作名称

抱拳礼

起势

第一式 左掤势

第二式 右捋势

第三式 左挤势

第四式 双按势

第五式 右採势

第六式 左挒势

第七式 左肘势

第八式 右靠势

第九式 右掤势

第十式 左捋势

第十一式 右挤势

第十二式 双按势

第十三式 左採势

第十四式 右挒势

第十五式 右肘势

第十六式　左靠势

第十七式　进步左右掤势

第十八式　退步左右捋势

第十九式　左移步左挤势

第二十式　左移步双按势

第二十一式　右移步右挤势

第二十二式　右移步双按势

第二十三式　退步左右採势

第二十四式　进步左右挒势

第二十五式　右移步右肘势

第二十六式　右移步右靠势

第二十七式　左移步左肘势

第二十八式　左移步左靠势

第二十九式　中定左右独立势

第三十式　十字手

收势

抱拳礼

太极八法五步正面示范

太极八法五步侧面示范

太极八法五步正侧面示范

第二节　太极八法五步套路动作技术图解

抱拳礼

1. 身体自然直立，两脚并拢，头颈正直，下颌微收，胸腹舒松，两臂松垂，两掌轻贴于大腿外侧；目视前方。（图1）

抱拳礼

图1

图2

2. 两手向体前上抬，左手成掌，右手成拳，左掌心掩贴右拳面（左指根线与右拳棱相齐），左指尖与下颌平齐，右拳眼斜对胸窝，置于胸前屈臂成圆，肘尖略下垂；目视前方。（图2）

第二章　太极八法五步套路动作图解

3. 右拳变掌，两掌放下分别置于大腿外侧，掌心向内，指尖向下；目视前方。（图3）

动作要领：抱拳时，要松肩、沉肘；保持两肩膀、两臂对称高低一致，手臂要撑圆，手腕略高于两肘；保持头正、身直，举止大方。

图3

起势

1. 身体自然直立，两脚并拢，头颈正直，下颌微收，胸腹舒松，两臂松垂，两掌轻贴于大腿外侧；目视前方。（图4）

动作要领：头颈自然中正，不可故意挺胸或收腹，呼吸自然，精神集中。

起势

图4

2. 身体重心移至右腿，左脚慢慢抬起向左开步，两脚相距略比肩宽，脚尖向前。（图5）

图5

3. 身体重心慢慢向左移至两腿中间；目视前方。（图6）

动作要领：抬左脚开步时，身体要保持直立，不能晃动，也不可以上下起伏。抬左脚时要先抬脚跟，落步时要先落脚尖，逐渐把脚落实，再把身体重心慢慢移到两腿中间。身体重心向左移动时，要保持身体姿势不变、中正安舒。

图6

4. 两掌慢慢向前上抬起，与肩同高，掌心向下，两臂相距与肩同宽；目视前方。(图7)

动作要领：两手上抬时，动作要轻缓，不可紧张用力，手指、手背要向前上领劲，两臂要自然放松，不能挺直僵硬；两肩要保持松沉，不能向上架肩。

图7

5. 上体保持正直，两腿缓缓屈膝下蹲；两肘下沉，两掌慢慢下按至腹前，掌心向下，指尖向前；目视前方。(图8)

动作要领：两掌下按时，身体重心下沉带动两掌下按，两腿下蹲与两掌下按要同步进行；要松肩沉肘下按，两臂不可僵硬，也不可故意向后回收。

图8

第一式　左掤势

1. 身体稍向右转，右掌向右、向上再向左逆时针划弧，右臂屈放于胸前，掌心向下；左掌向下、向右划弧至右肘关节下方，掌心翻转向上；目视右前方。（图9、图10）

左掤势

图9　　图10

动作要领：两臂相合时，要转腰摆掌，以腰带臂，两臂动作要协调。左掌合于右肘关节外下方，两臂要撑圆。

2. 身体左转，转向正前方；同时，左臂向左前上方掤起，高与肩平，左手掤至身体正前方，掌心向内，指尖向右；右手向后、向下捋带至右胯外侧，掌心向下，指尖向前；目视前方。（图11）

动作要领：左臂向前掤时，要以腰为轴带动左臂向前上方掤起。两臂自然弯曲成弧形，两臂要有对拉的劲。

图11

第二式　右捋势

1. 身体微左转，左掌向左前方伸出，掌心向内；同时，右掌前伸至左肘关节内侧，掌心向下，位于左胸前；目视左掌。（图12）

动作要领：左、右掌向前伸出时，要随身体左转向前伸出，以腰劲向前推伸。

右捋势

图 12

2. 身体微右转，重心稍下沉；同时，左臂内旋，左掌心翻转向下；右臂外旋，右掌心翻转向上；目视左手。（图13）

动作要领：两掌翻转时，两臂要同时旋转，动作柔和自然。

图 13

3. 身体右转；同时，两掌向右下后捋，左掌至腹前，掌心向下，指尖向左前方；右掌至右胯外侧，掌心向上，指尖向左前方；目随两掌。（图14）

动作要领：两手下捋时，身体右转幅度不宜过大，要以腰带臂，向右后下方捋带，两臂要协调一致，两手要有合劲。

图14

第三式 左挤势

1. 身体稍向右转；同时，两掌向右、向上划弧上摆，右掌摆至与肩同高，掌心翻转向上，指尖斜向上；左掌摆至右胸前，掌心向内，指尖向右；目视右掌。（图15、图16）

左挤势

动作要领：两掌划弧上摆时，动作要柔顺自然，劲力要节节贯穿。

第二章　太极八法五步套路动作图解

图 15　　　　　图 16

2. 身体稍向左转；

同时，左臂稍向左回收并屈肘横于胸前，左掌心向内，指尖斜向右；右掌向左划弧，右臂下沉内旋，右掌心翻转向外，右掌附于左腕内侧，指尖向上；两前臂形成向外圆弧；目随两掌。（图17、图18）

动作要领：两臂相合时，左臂回收横于身体前方，手臂要保持弧线形。右臂折叠回收划弧要流畅自然。左右臂肘关节各自形成的角度要大于90°。

图 17　　　　　图 18

· 25 ·

3. 身体左转，转向正前方；同时，两掌合劲向前挤出，高与胸平，两臂撑圆，左掌心向内，右掌心向外；目视前方。（图19、图20）

动作要领：两臂前挤时，要用合劲向外推出，两臂要撑圆，保持松肩沉肘。两手腕接触点在身体正前方。

图 19

图 20

第四式 双按势

1. 两臂内旋向前伸出；同时，两掌翻转，掌心向下。（图21）

双按势

图21

2. 两掌向左右分开至与肩同宽；目视前方。（图22）

动作要领：两掌前伸与手臂旋转要同时进行；掌心翻转向下以后，再向两侧分掌。分掌时要松肩、沉肘、顺腕、舒指。

图22

3. 身体稍右转，两臂内旋屈肘，两掌向后回收至胸前，指尖斜向上，两掌心斜相对；目视右手。（图23）

动作要领：两掌回收时，两臂屈肘回带，两掌要走上弧线，用上臂带动前臂向后回收，不能耸肩、架肘。

图23

4. 身体左转，转向正前方；同时，双掌下落至腹前，掌心斜向下，指尖斜向上；目视前方。（图24）

图24

5. 上述动作不停，两掌沿下弧线向前上方推出，推至两手与肩同高，两手相距与肩同宽，掌心向前，指尖向上；目视前方。（图25）

动作要领：两掌向前推按时，两掌要沿下弧线向前上方推出，弧线要顺滑，动作要流畅。

图25

第五式　右採势

1. 身体微左转，两掌向左上方划弧伸出，两掌心斜向外；目视左前方。（图26）

动作要领：两掌向前伸出时，身体要随着左转，两手向左上方逆时针划弧。

右採势

图26

2. 上述动作不停，左臂外旋，右臂内旋，两肘微下沉；同时，两掌抓握成拳，左拳心斜向上，右拳心斜向下；目视左前方。（图27）

动作要领：两手前伸时，用腰带臂在左前上方划一个折叠弧线，随两臂旋转、两肘下沉，两手同时抓握成拳。

图27

3. 身体微右转，两手向右下方採带，左拳至右腹前方，右拳至右胯外侧；目视双手。（图28）

动作要领：两手下採时，要用转腰的劲力带动手臂运行，两手要有合劲。

图28

左挒势

第六式　左挒势

1. 身体继续右转；同时，两手向右、向后再向上划弧，由拳变掌摆起，两臂旋转，左掌心翻转向外，右掌心翻转向上；目视右掌。（图29、图30）

动作要领：两手上摆时，两臂要随转身划弧，摆臂、变掌要自然顺畅，不能生硬。

图29

图30

2. 身体左转；同时，两臂外掤，两掌向左划弧捋带，左掌至身体左侧，高与肩平，掌心向外；右掌至身体前方中线位置，高与肩平，掌心斜向上，指尖向前；目视前方。（图31）

动作要领：两手向左捋带时，要用腰劲带动两掌运行，松肩沉肘，保持掤劲。

图31

第七式 左肘势

1. 左前臂向外旋转，左手抓握成拳，拳心斜向下。（图32）

动作要领：左手抓握成拳的时候，左前臂要外旋，左肩要松沉自然。

左肘势

图32

2.身体右转；左臂屈肘向前盘肘，高与肩平，肘尖向前，拳心向内；右掌向左合按于左臂外侧；目视前方。(图33)

动作要领：左臂盘肘时，要以腰运肘，力达肘关节前端，两臂动作配合要协调。

图33

第八式　右靠势

1.右掌稍上抬，左拳下落；目视前方。(图34)

动作要领：右掌上抬与左拳下落两个动作配合要自然协调。

右靠势

图34

2. 身体微左转；左拳变掌上提，虎口向上，掌心向内；右掌变拳经左臂内侧向下栽拳，拳眼向内，拳面向下；目视前方。（图35）

图35

3. 右拳经左前臂内侧向下移动，紧接着右臂向前靠出，右拳虎口向内；左掌合于右上臂内侧；目视前方。（图36）

动作要领：右臂前靠时，要用转腰的劲力向前撑臂靠出，右拳保持在身体前中线位置。两手动作要协调一致。

图36

第二章　太极八法五步套路动作图解

第九式　右掤势

1. 身体稍向左转；同时，左掌向左、向上再向右顺时针方向划弧，左臂屈放于胸前，高与肩平，掌心向下；右拳变掌向下、向左划弧至左肘关节下方，掌心翻转向上；目视左前方。（图37、图38）

动作要领：两臂相合时，要以腰带臂运行，劲力要节节贯穿，动作要协调顺畅，两臂要撑圆。

图37

图38

右掤势

2. 身体右转，转向正前方；右臂向右前上方掤起，右手掤至身体前方中线位置，掌心向内，高与肩平，指尖向左；左手向后、向下捋带至左胯外侧，掌心向下，指尖向前；目视前方。（图39）

动作要领：右臂前掤时，要以腰为轴，转腰催臂向前上掤起，力达左前臂。两臂自然弯曲，要有对拉的劲。

图39

第十式 左捋势

1. 身体微右转；同时，右掌向右前方伸出，掌心向内；左掌前伸至右肘关节内侧，掌心向下，位于右胸前；目视右掌。（图40）

动作要领：两掌向前伸出时，要以转腰的劲力向前推伸手臂，劲要节节贯穿，力达梢节。

左捋势

图40

2. 身体稍左转，重心稍下沉；右臂内旋，右掌心翻转斜向外；左臂外旋，左掌心翻转向上；目视右掌。（图41）

动作要领：两掌翻转时，两臂要沉肘，动作要协调自然。

图41

3. 身体继续左转；同时，两掌向左下后捋，右掌至腹前，掌心斜向下，指尖向右前方；左掌至左胯前，掌心向上，指尖向右前方；目视右前方。（图42）

动作要领：两手下捋时，身体左转幅度不宜过大，要以腰带臂，两手要有合劲。

图42

太极八法五步

右挤势

图43

图44

第十一式　右挤势

1. 身体稍向左转；两掌向左、向上划弧上摆，左掌摆至与肩同高时，掌心翻转向上；右手摆至左胸前，掌心斜向上；目视左手掌。（图43、图44）

动作要领：摆掌时要以腰带臂，手臂摆动要柔顺自然，劲力要节节贯穿。

第二章 太极八法五步套路动作图解

2. 身体稍向右转；右臂稍向右回收，屈肘横于胸前，右掌心向内，指尖斜向左；左掌向右划弧，左臂下沉内旋，左掌心翻转向外，左掌按于右腕内侧，指尖斜向上；两手前臂形成向外圆弧；目视前方。(图45、图46)

图45

动作要领：两臂相合时，右臂回收，横于身体前方，手臂要保持弧线形；左臂折叠回收，划弧要流畅自然；左右臂肘关节各自形成的角度要大于90°。

图46

3. 身体继续右转，面向正前方，两掌手腕合劲向前挤出，两臂撑圆；目视前方。(图47、图48)

动作要领：两臂前挤时，要用合劲向外推出，两臂要撑圆，保持松肩沉肘，两手腕接触点在身体正前方。

图 47 　　　　　图 48

图 49

第十二式　双按势

1. 两臂内旋，两掌翻转，掌心向下，向前伸，高与肩平。(图49)

双按势

2. 上述动作不停，两掌向左右慢慢分开至肩宽；目视前方。(图50)

动作要领：两掌前伸与手臂旋转要同时进行；掌心翻转向下以后，再向两侧分掌。分掌时要松肩、沉肘、顺腕、舒指。

图50

图51

3. 身体稍左转，两臂稍内旋屈肘，两掌向后回收至胸前，指尖斜向上，两掌心斜相对；目视左手。(图51)

动作要领：两掌回收时，两臂屈肘回带，两掌要走上弧线，用上臂带动前臂向后回收，不能耸肩、架肘。

4. 身体右转，转向正前方；两掌下落至腹前，掌心斜向下，指尖斜向上；目视两掌。(图52)

图52

5. 上述动作不停，两掌沿下弧线向前上方推出，推至两手与肩同高，两手相距与肩同宽，掌心向前，指尖向上；目视前方。(图53)

动作要领：两掌向前推按时，两掌要沿下弧线向前上方推出，弧线要顺滑，动作要流畅。

图53

第十三式　左採势

1. 身体微右转，两掌向右上方划弧掤出，两掌心斜向外；目视右前方。(图54)

动作要领：随着身体右转，两手向右上方顺时针划弧。

图54

左採势

2. 上述动作不停，左臂内旋，右臂外旋，两肘微下沉，两掌同时抓握成拳，右拳心斜向上，左拳心斜向下；目视右前方。(图55)

动作要领：两手前伸时，以腰带臂在右前上方划一个折叠弧线，随两臂旋转、两肘下沉，两手同时抓握成拳。

图55

太极八法五步

3. 身体微左转，两手向左下方採带，右拳至左腹前方，左拳至左胯外侧；目视右前方。（图56）

动作要领：两手下採时，要用转腰的劲力带动手臂运行，两手要有合劲。

第十四式 右挒势

1. 身体继续左转；两手向后、向上划弧，两臂旋转，两拳变掌，右掌心翻转向外，左掌心斜向上；目视左前方。（图57、图58）

动作要领：两手上摆时，两臂要随转身划弧，摆臂、变掌要自然顺畅，不可生硬。

图56

图57　图58

右挒势

2. 身体右转；同时，两臂外掤，两掌向右划弧捋带，右掌至身体右侧，高与肩平，掌心向外；左掌至身体正前方，高与肩平，掌心斜向上，指尖向前；目视前方。（图59）

动作要领：两手向左捋带时，要用腰劲带动两掌运行，松肩沉肘，保持掤劲。

图59

第十五式 右肘势

1. 右前臂外旋，右手抓握成拳，拳心斜向下。（图60）

动作要领：右前臂外旋、右手抓握成拳时，右肩要松沉自然。

右肘势

图60

2.身体左转；右臂屈肘向前盘肘，高与肩平，肘尖向前，拳心向内；左掌向右合按于右臂外侧；目视前方。（图61）

动作要领：右臂盘肘时，要以腰运肘，力达肘关节前端，两臂动作配合要协调。

图61

第十六式 左靠势

1.左掌稍上抬，右拳微下落；目视前方。（图62）

动作要领：左掌上抬与右拳下落两个动作配合要自然协调。

图62

左靠势

2. 身体微右转；右拳变掌上提，虎口向上，掌心向内；同时，左掌变拳经右臂内侧向下栽拳，拳眼向内；目视前方。（图63）

图63

3. 左拳经右前臂内侧向下、向前靠出，虎口向内，拳面向下；右掌合于左上臂内侧；目视前方。（图64）

动作要领：左臂前靠时，要用转腰的劲力向前撑臂靠出，右拳保持在身体前中线位置。两手动作要协调一致。

图64

进步左右掤势

图65

第十七式　进步左右掤势

1. 身体稍向右转；左拳变掌向右上方逆时针划弧抬起，掌心向下；右掌经过左臂内侧向左、向下逆时针划弧下落；目视右前方。（图65）

动作要领：两臂相合时，要以身带臂，松肩沉肘，左臂不能架肩、架肘。两臂要保持自然弯曲，要有合劲。

2. 身体重心移至左腿，右脚尖抬起外摆；同时，左掌继续向上、向左逆时针划弧掤起，掌心向下；右掌继续向下、向右逆时针划弧，掌心向上；目视右前方。（图66）

动作要领：两掌逆时针划弧要同时进行，要自然协调。身体右转与右脚尖外摆要协调一致。

图66

3. 身体重心移向右腿,左脚跟提起;左掌向左、向下逆时针划弧至左胯外侧,掌心向右;右掌向右、向上逆时针划弧至胸前,高与肩平,掌心向下;目视右前方。(图67)

动作要领:两掌逆时针划弧与身体重心右移要同时进行,要协调一致。

图67

4. 右脚逐渐踏实;左脚提起收于右小腿内侧,脚尖自然向下;左掌向左、向下再向右划弧合于右腹前方,掌心斜向上;右掌向右、向上再向左划弧合于右胸前,高与肩平,掌心向下,指尖向前;目视左前方。(图68)

动作要领:右腿独立时要锁住右胯,右膝微屈,保持身体平稳;合臂时要以腰为轴,带动两手逆时针划弧,上下肢动作要协调,身体不能晃动。

图68

5. 左脚向左前方上步，脚跟先着地；同时，两掌继续相合，右掌稍微下落，左掌合于右肘的右下方，掌心向上；目视左前方。（图69）

动作要领：此势是上合、下开的动作，开步时左手与左脚做的是相对运动，上下肢动作要协调，要有对立统一的劲力。

图69

6. 身体重心前移，左脚逐渐落实，右腿自然蹬直，左腿屈膝，两腿成左弓步；同时，左臂随身体重心前移向上掤，高与肩平，掌心斜向内，指尖向右；右掌向右下方捋带至右胯外侧，掌心向下，指尖向前；目视前方。（图70）

图70

动作要领：左臂前掤时，要保持上身中正，不能前俯后仰。两臂分开时要保持弧形，有对拉的劲力。弓步形成时，膝盖不能超过脚尖，膝关节的方向要与脚尖方向保持一致。掤劲始于足，发于腿，主宰于腰而行于前臂。下肢要旋踝转膝，躯干部要旋腰转脊，上肢要旋腕转膀，劲力要从脚至前臂节节贯穿，且能随势变换而不断劲。

7. 身体重心稍向后移，左脚尖抬起；身体稍向左转，左脚尖微向外摆；左臂继续向前掤起内旋，掌心翻转向下，右手稍微向内合；目视前方。（图71）

动作要领：身体重心后移、左脚尖抬起外摆、身体左转动作要连续进行，全身动作要自然协调。

图71

8. 身体左转，身体重心移至左脚，右脚回收至左脚内侧，脚尖自然下垂；左臂稍下沉横于左胸前方，掌心向下，高与肩平；右掌向左划弧合于左腹前，掌心斜向上，指尖向左，两掌合呈抱球状；目视右前方。(图72)

动作要领：左腿独立时，要锁住左胯，左膝微屈，保持身体平稳；合臂时，要以腰为轴，带动两手逆时针划弧，上下肢动作要协调，身体不能晃动。

图72

9. 右脚向右前方上步，脚跟先着地；同时，两掌继续相合，左掌稍微下落，右掌合于左肘下方，掌心向上；目视右前方。(图73)

动作要领：此势是上合、下开的动作，开步时右手与右脚做的是相对运动，上下肢动作要协调，要有对立统一的劲力。

图73

10. 身体重心前移，右脚逐渐落实，右腿屈膝，左腿自然蹬直，两腿成右弓步；右臂向前上方掤起，高与肩平，掌心斜向内，指尖向左；左掌向左下方捋带至左胯外侧，掌心向下，指尖向前；目视前方。（图74）

动作要领：右臂前掤时，要保持上身中正，不能前俯后仰。两臂分开时，要保持弧形，有对拉的劲力。弓步形成时，膝盖不能超过脚尖，膝关节的方向要与脚尖方向保持一致。掤劲始于足，发于腿，主宰于腰而行于前臂。下肢要旋踝转膝，躯干部要旋腰转脊，上肢要旋腕转膀，劲力要从脚至前臂节节贯穿，且能随势变换而不断劲。

图74

退步左右捋势

第十八式　退步左右捋势

1. 身体微右转；右掌向右前方伸出，掌心向内；左掌前伸至右肘关节内侧，掌心向下；目视右前方。（图75）

动作要领：两掌前伸时要以腰劲推动双臂向前伸出，全身动作要协调自然。

图75

2. 身体重心后移，身体稍左转；两肘下沉，右臂内旋，右掌心翻转向下；左臂外旋，左掌心翻转向上；目视右前方。（图76）

动作要领：重心后移、转身、沉肘要协调一致，两臂同时旋转，两掌翻转动作要柔和自然。

图76

第二章　太极八法五步套路动作图解

3. 身体继续左转，重心后移，右脚尖抬起；同时，两掌向左下方后捋，经过腹前至左胯外侧；目视身体左侧。（图77、图78）

动作要领：身体重心后移与身体左转要同步进行。身体左转要以腰带臂，两掌向左后下方捋带，两手要有合劲。重心后移、转腰、后捋要同步进行，动作要协调自然。

图77

图78

4. 右脚抬起；两手从身体左后方向上划弧抬起，随手臂旋转自然翻转；目视左前方。（图79、图80）

动作要领：两手由下向后、向上划弧抬起要与身法协调一致，自然顺随，不能生硬。

图79

图80

第二章　太极八法五步套路动作图解

5. 身体稍向右转，右脚后撤落步，脚尖先着地；两手向前划弧抡摆至身体前方，左手在前，左掌心向前；右手在后，右掌心向上；目视前方。（图81、图82）

动作要领：两掌向前摆动，要与身体右转、右脚撤步协调一致。两臂要自然弯曲，不要伸直。

图81

图82

6. 身体微右转，重心后移；两掌向下、向后捋带，左掌至身体前方，掌心向下；右掌至右腹前，掌心向上；目视前方。（图83）

动作要领：两掌后捋时，身体重心后移与身体右转要同步进行。身体右转要以腰带臂，两掌向右后下方捋带，两手要有合劲。重心后移、转腰、后捋要同步进行，动作要协调自然。

图83

第十九式　左移步左挤势

1. 身体右转；两掌经腹前向右、向上划弧摆起；左脚经右脚内侧后撤向左开步，脚尖先着地；目视右前方。（图84、图85）

左移步左挤势

动作要领：撤步与摆掌要同时进行，动作要协调一致；两臂要松肩沉肘，自然旋转，不可僵硬。

图84 　　　　　　　图85

2. 身体重心左移，左脚跟提起；两掌经上回收相合于右胸前，右掌按压于左掌腕部，左掌心向内，指尖向右，右掌心向外，指尖斜向上；目视右前方。（图86、图87）

动作要领：两掌向后回收，要与身体重心左移同步，以身带臂，动作要协调自然。

图86 　　　　　　　图87

3. 身体左转，重心先移向右腿，再移向左腿；右脚抬起回收，在左脚内侧落步震脚；两掌向左侧加速发劲挤出，左掌心向内，指尖向右，右掌心向外，指尖斜向上，高与下颌平；目视左前方。（图88、图89）

动作要领：右脚回收落步要与左脚保持平行；右脚震脚和两掌发劲要同时进行，动作要协调一致，发劲要干净利落。

图88

图89

第二十式　左移步双按势

1. 身体右转，重心稍右移；同时，两掌向左右两侧分开，高与肩平，掌心斜向上；目视右掌。（图90）

动作要领：两臂分开划弧时，要松肩沉肘，两臂自然外摆，手臂动作要与转身动作协调一致。

2. 身体重心移至右腿，左脚向左开步，脚跟先着地；同时，两掌向内合于脸颊外侧，掌心斜相对，指尖斜向上；目视右前方。（图91）

动作要领：两臂开合与转身动作要同步进行，要以腰带臂；两臂开合动作与左脚开步动作连接要自然流畅；上下肢动作要协调一致。

左移步双按势

图90

图91

3. 身体左转，左脚尖外摆落地，重心前移，左脚踏实；同时，两掌下落于胸前，掌心斜相对，指尖斜向上；目视左前方。（图92）

动作要领：身体左转与两掌下落要同时进行；重心前移与左脚尖外摆落地要同步进行，上下肢动作要协调一致。

图92

4. 身体左转，重心前移，左腿屈膝半蹲，右脚向前跟进半步，前脚掌着地，停于左脚右后方；两掌保持与肩同宽，沿下弧线向前推出，高与肩平，指尖向上，掌心向左；目视左方。（图93）

动作要领：移重心、跟步与推掌要协调一致，动作要自然流畅。推掌时要松肩、沉肘，力达掌根。

图93

第二十一式　右移步右挤势

1. 身体稍右转，重心后移，右脚跟稍内扣然后落实，左脚尖抬起，内扣落实，两腿屈膝站立；同时，左掌向后回收按在右手腕内侧，指尖向上，掌心向外；右臂内旋下沉回收，指尖向左，掌心向内；目视左方。（图94、图95）

动作要领：右脚跟先内扣落实，再转左脚尖。转身与两臂回收要同时进行，要松肩沉肘，动作协调自然。

右移步右挤势

图94

图95

2. 右脚向右开步，前脚掌内侧先着地；目视左前方。（图96）

动作要领：右脚向右开步时，要保持重心平稳，身体不可上下起伏或左右晃动。

图96

3. 身体右转，重心右移，右脚跟内扣落实，两臂稍下沉回收至左胸前；目视左前方。（图97）

动作要领：重心右移与两臂回收，要以身带臂同步进行，动作要协调自然。

图97

第二章　太极八法五步套路动作图解

4. 身体右转，重心先移向左腿，再移至右腿，然后左脚抬起回收，在右脚内侧落步震脚；左掌扶按在右手腕内侧，两掌向右侧加速发劲挤出，右掌高与肩平，掌心向内，指尖斜向前，左掌指尖斜向上；目视右方。（图98、图99）

动作要领：左脚回收落步要与右脚保持平行；左脚震脚和两掌发劲要同时进行，动作要协调一致，发劲要干净利落。

图98

图99

第二十二式　右移步双按势

1. 身体左转，重心稍向左移；两掌向左右分开，掌心斜向上，高与肩平；目视左掌。（图100）

动作要领：两臂分开划弧时，要松肩沉肘，两臂自然外摆，手臂动作要与转身动作协调一致。

右移步双按势

图100

图101

2. 重心移至左腿，右脚向右侧开步，脚跟先着地；两掌向后、向内划弧合于脸颊外侧，掌心斜相对，指尖斜向上；目视左前方。（图101）

动作要领：两臂开合与转身动作要同步进行，要以腰带臂；两臂开合动作与右脚开步动作连接要自然流畅，上下肢动作要协调一致。

3. 身体右转，右脚尖外摆落地，重心前移，右脚踏实；两掌下落于胸前，掌心斜相对，指尖斜向上；目视右前方。(图102)

动作要领：身体右转与两掌下落要同时进行；重心前移与右脚尖外摆落地要同步进行，上下肢动作要协调一致。

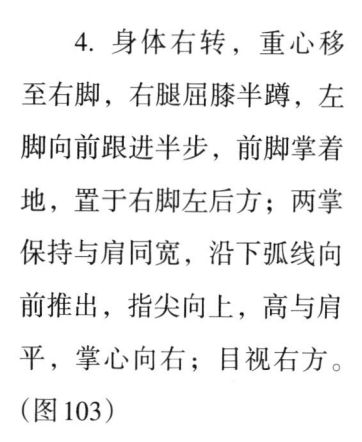

图102

4. 身体右转，重心移至右脚，右腿屈膝半蹲，左脚向前跟进半步，前脚掌着地，置于右脚左后方；两掌保持与肩同宽，沿下弧线向前推出，指尖向上，高与肩平，掌心向右；目视右方。(图103)

动作要领：移重心、跟步与推掌要协调进行，动作要自然流畅。推掌时要松肩、沉肘，力达掌根。

图103

第二十三式　退步左右採势

1. 身体左转，重心移向左腿，左脚跟内扣落实，右脚尖左转内扣；两掌随转身向左摆至身体正前方，两掌距离与肩同宽，高与肩平，指尖向上；目视前方。（图104）

退步左右採势

图104

动作要领：左右脚转扣与转身动作要协调自然，摆掌动作要以腰带臂，上下联动。

图105

2. 左脚向后退步，前脚掌先着地，身体重心后移，左脚慢慢落实；同时，两臂外旋，两掌抓握成拳，左拳心向上，右拳心向下；目视右拳方向。（图105）

动作要领：先退步，随重心后移，转腰、沉肘，两掌顺势抓握成拳。

3. 身体稍左转，重心后移，右脚尖抬起；两拳沿下弧向后採带至左胯外侧；目视前方。（图106）

动作要领：身体重心后移与两手向后採带要顺势而为，动作要协调自然。

图 106

4. 身体重心移至左腿，右脚抬起，脚尖自然向下；两拳变掌从身体左后方向上划弧摆起，左掌摆至身体左前方，掌心向左；右掌摆至左胸前，掌心向左；目视左前方。（图107）

动作要领：重心移动转换要自然连贯，上下肢动作要协调。两臂向后、向上划弧摆起时，要松肩沉肘，劲力要节节贯穿。

图 107

5. 身体微左转，右脚向后退步；两手向前划弧摆起，至身体前上方，两掌抓握成拳，左拳在前，高与鼻平，拳心向上；右拳在后，置于左肘内侧，拳心向下；目视左前方。（图108）

动作要领：退步与抡臂上下肢动作要协调。向前摆臂时，要以腰带臂，顺势而动，两臂要自然，不可以僵硬。

图108

6. 重心后移，身体稍右转；两手向身体右后方採带，两拳摆至两胯外侧，左拳心向上，右拳心向下；目视左前方。（图109）

动作要领：身体右转、重心后移、两手顺势向后採带，以腰带臂、松肩沉肘，动作要协调自然。

图109

第二十四式　进步左右捌势

1. 身体重心移至右腿，左腿抬起，左脚尖自然向下；两手向身体右后方、向上划弧抬起；目视双手。（图110）

动作要领：身体重心后移、抬左脚与两拳向后摆要协调一致。

进步左右捌势

图110

2. 身体左转，左脚向前上步，脚尖稍外摆，脚跟着地；两拳变掌随身体左转向左前方水平划弧捌带，掌心向外，高与肩平；目随双手。（图111）

动作要领：上步、摆掌要协调，要用腰劲运行两掌。两手捌带时，要松肩、沉肘，两臂要自然弯曲，保持向外的掤劲。

图111

3. 重心前移，左脚尖外摆落实。身体继续左转，两掌经过身体前方继续向左水平划弧捯带，左掌摆至身体左侧，掌心斜向下，指尖向左前方；右掌摆至身体前方，掌心向上，指尖向前；目视前方。（图112）

动作要领：身体重心前移、左脚尖外摆落实、身体左转与摆掌捯带要连接自然、上下协调。

图112

4. 重心前移至左脚，右脚提起，脚尖自然向下。身体继续左转；两掌经过体前继续向左后方水平划弧捯带，左掌摆至身体左前方，掌心向下；右掌摆至右胸前，掌心向上，指尖向右前方，高与肩平；目视左前方。（图113）

动作要领：摆掌时要松肩、沉肘，用腰劲运行两掌；两臂要自然弯曲，保持向外的掤劲。

图113

第二章 太极八法五步套路动作图解

5. 身体微右转，右脚向前上步，脚尖稍外摆，脚跟先着地；两臂内旋折回，两掌向右前方水平划弧挒带，高与肩平，右掌摆至身体左前方，掌心斜向下；左掌摆至身体左侧，掌心斜向上；目视左方。（图114）

图114

动作要领：向前上步、摆掌要协调，要用腰劲运行两掌。两手挒带时，要松肩、沉肘，两臂要自然弯曲，保持向外的掤劲。

6. 重心前移，右脚尖外摆落实。身体继续右转；两掌经过身体前方继续向右水平划弧挒带，右掌摆至身体右侧，掌心向外，指尖斜向前；左掌摆至身体前方，掌心向上，指尖向前，高与肩平；目视前方。（图115）

动作要领：身体重心前移、右脚尖外摆落实、身体右转与摆掌挒带要上下协调、连贯自然。摆掌时要松肩、沉肘，用腰劲运行两掌，两臂自然弯曲，保持向外的掤劲。

图115

太极八法五步

图116

7. 上肢动作不变。身体重心前移，左脚向前回收并步，落于右脚内侧；目视前方。（图116）

第二十五式　右移步右肘势

1. 身体右转，右脚向右开步，脚跟先着地；左掌向右格挡，掌心向内，高与鼻平；右臂下沉，右掌外旋抓握成拳向后回收至右腹前；目视右前方。（图117）

动作要领：上右步、摆左掌、握右拳动作要协调连贯、顺畅自然。左掌向右格挡时，要松肩、沉肘、立腕。

右移步右肘势

图117

第二章 太极八法五步套路动作图解

2. 右脚尖稍内扣，重心右移，右脚尖落实；左掌稍向下前摆按，掌心斜向下；右拳向后回收至右腰侧，拳心向上；目视右方。(图118)

动作要领：重心前移、摆左掌、收右拳动作要协调连贯。左掌和右拳相对运动，要借助转腰的劲力。

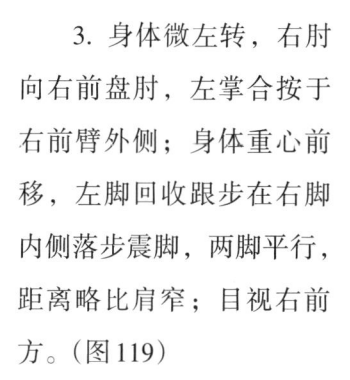

图 118

3. 身体微左转，右肘向右前盘肘，左掌合按于右前臂外侧；身体重心前移，左脚回收跟步在右脚内侧落步震脚，两脚平行，距离略比肩窄；目视右前方。(图119)

动作要领：盘肘发力与震脚要同时进行，要以转腰助盘肘，以震脚助发力，力达前臂肘关节外侧。

图 119

· 75 ·

第二十六式　右移步右靠势

1. 右脚向右前方上步；右拳经左前臂内侧下落，摆至腹前，拳心向下；左肘稍下沉，左掌立于右胸前，掌心向右；目视左手。（图120）

动作要领：右脚开步与右拳下落要协调自然。

图120

2. 重心右移，两腿成马步；右臂竖臂向外靠肘，右拳摆至右膝盖内侧上方，拳眼向内，拳面向下；左掌合于右上臂内侧，掌心向右，指尖向上；目视右前方。（图121）

动作要领：重心右移与右臂外靠要协调一致，用重心移动的力量向外靠肘。

图121

第二十七式 左移步左肘势

1. 身体微左转，右脚尖内扣落实，重心左移，两腿成左侧弓步；左掌向下划弧，掌心向上；右拳变掌向前上方划弧摆起，掌心斜向上；目视右前方。（图122）

动作要领：移重心、扣右脚与两手划弧摆动要协调连贯。摆掌要以腰为轴，用转腰的劲力运行两掌。

左移步左肘势

图122

图123

2. 身体继续左转，重心移向右腿，左脚尖抬起；同时，左掌抓握成拳收至左腰间，拳心向上；右掌划弧摆至身体右前方，掌心向内，高与鼻平；目视左前方。（图123）

3.身体右转，左肘向前盘肘，右掌合按于左前臂外侧；身体重心前移，右脚回收跟步落于左脚内侧震脚，两脚平行，距离略比肩窄；目视左前方。(图124)

动作要领：盘肘发力与震脚要同时进行，要以转腰助盘肘，以震脚助发力，力达前臂肘关节外侧。

图124

左移步左靠势

图125

第二十八式 左移步左靠势

1.左脚向左前方上步；左拳经右前臂内侧下落，摆至腹前，拳心向下；右肘稍下沉，右掌立于左胸前，掌心向左；目视左前方。(图125)

动作要领：左脚开步与左拳下落要协调自然。

2. 重心左移，两腿成马步；左臂竖臂向外靠肘，左拳摆至左膝盖内侧上方，拳眼向内，拳面向下；右掌置于左上臂内侧，掌心向左，指尖向上；目视左前方。（图126）

动作要领：重心左移与左臂外靠要协调一致，用重心移动的力量向外靠肘。

图126

第二十九式　中定左右独立势

1. 身体重心移至左腿，右脚抬起回收，在左脚内侧落步，两脚平行略比肩窄；左拳变掌，两掌同时向身体两侧外撑，高与胯平，掌心向下，指尖向前；目视前方。（图127）

动作要领：右脚回收与两掌外撑同时进行，上下肢动作要协调自然。

中定左右独立势

图127

2. 左掌向内划弧经过体前，在左膝前上方举起；重心移至右腿，左膝随左掌上提，脚尖自然向下；左掌举至指尖与鼻同高以后，沉肘竖腕，掌心向右，指尖向上；目视前方。（图128）

动作要领：右腿站立要稳，左掌上举与左膝上提要同时进行，要保持松肩，左肘要自然弯曲。左掌向上举起时，虎口向上领劲。右掌要外撑下按，起到保持平衡的作用。

图128

3. 右腿屈膝下蹲，左脚与左掌同时下落，左脚落于右脚内侧，两腿屈膝，平行站立；目视前方。（图129）

图129

4. 右掌向内划弧经过体前，在右膝前上方举起；身体重心移至左腿，右膝随右掌上提，脚尖自然向下；右掌举至指尖与鼻同高以后，沉肘落腕，掌心向左，指尖向上；左掌经过体前向下、向外撑于左胯外侧，掌心向下，指尖向前；目视前方。（图130）

动作要领：左腿站立要稳，右掌上举与右膝上提要同时进行，要保持松肩，右肘要自然弯曲。右掌向上举起时，虎口向上领劲。左掌外撑下按，起到保持平衡的作用。

图130

第三十式 十字手

1. 右脚向下落步，两脚平行，距离略比肩宽，两腿屈膝站立；目视前方。（图131）

图131

十字手

2. 身体重心移至两脚中间；右掌经体前下落，左掌经体前向上举起，两手在胸前交叉成十字，左掌在外，右掌在内，掌心均向内，指尖斜向上；目视前方。（图132）

动作要领：落右脚、右掌下落与左掌上举动作要协调、连接自然。两手在胸前十字交叉，两臂要自然撑圆，要松肩、沉肘、舒胸。

图132

收势

1. 下肢动作不变。两臂内旋向前平伸，两掌心翻转向下，高与肩平；目视前方。（图133）

动作要领：两掌向前平伸时，两臂同时内旋翻转，要保持松肩、沉肘。

收势

图133

2. 两掌向左右两侧分开至与肩同宽，掌心向下，指尖向前；目视前方。（图134）

动作要领：两掌向左右分开时，要由上臂到前臂、由内向外分开，两臂要保持向外的掤劲。

图134

3. 两腿慢慢直立；两掌在体前向下按掌，按全两胯前方以后，自然放于大腿外侧，掌心向内；目视前方。（图135）

动作要领：向下按掌和两腿直立要同时进行，速度要一致。

图135

太极八法五步

4. 左脚收至右脚内侧，并步站立；目视前方。（图136）

动作要领：收脚时，身体要保持中立平稳，不能晃动。

图 136

抱拳礼

1. 身体自然直立，两脚并拢，两掌垂放于大腿外侧，掌心向内；目视前方。（图137）

图 137

抱拳礼（结束）

2. 两手在体前上抬，右手成拳，左掌心掩贴右拳面（左指根线与右拳棱相齐），左指尖与下颌平齐，右拳眼斜对胸窝，置于胸前屈臂成圆，肘尖略下垂；目视前方。（图138）

图138

3. 右拳变掌，两掌放下置于大腿外侧，掌心向内，指尖向下；目视前方。（图139）

动作要领：头正、身直，举止大方。

图139

第三章 太极拳拳法拳理

第一节 主要太极拳流派简介

一、陈式太极拳

由明末清初的武术家、河南省温县陈家沟的陈王廷（1600—1680年）所创。陈王廷在家传武术的基础上，吸收当时民间的武术精华，结合中国古典哲学的阴阳理论、传统的中医经络学说和导引吐纳的呼吸方法，创编了最原始的陈式太极拳。他传下的拳艺主要有一至五路太极拳、炮捶一路、长拳108式、双人推手和刀、枪、剑、棍、锏、双人黏枪等器械。从陈王廷开始，陈式太极拳在陈家沟世代相传。陈式太极拳多由沿弧线运动的动作组成，以缠丝劲为核心，形成了意动势随、连绵不断、缠绕折叠、松活弹抖、快慢相间、刚柔相济、蓄发互变的独特运动风格，与其他武术流派相区别，自成体系，独立一派，并得以流传和发展。经过三百多年的传承，陈式太极拳逐渐从陈氏家族传向外姓、从陈家沟传向全国，对中国太极拳的发展和繁荣起到了奠基和推动的作用。在目前中国流行的太极拳中，陈式太极拳是最古老的一个流派，其他各流派太极拳，如杨式、吴式、武（郝）式、孙式等，都是在陈式太极拳的基础上直接或间接发展衍变而来的。

二、杨式太极拳

由广平府（今邯郸市永年区）的杨福魁（字露禅，1799—1872年）所创。他早年在陈家沟拜陈长兴为师学习太极拳，学成返回故里，后来去北平（今北京）教拳，清朝的王亲贵族多向他学习。杨露禅在教学中逐渐把陈式太极拳中的跳跃、震脚、跌岔和显于外的刚劲动作改为不跳、不震、不跌、不速的动作，对陈式太极拳中的缠丝劲做了改动，使整个套路的姿势较为简单，动作柔和易练。后又经其子杨班侯、杨健侯修改，形成了小架和中架，后又经杨健侯之子杨澄甫（1883—1936年）修改定型，成为目前流行的杨式太极拳。杨式太极拳的特点：姿势舒展大方，动作和顺简洁，速度均匀，绵绵不断，整个架式结构严谨，中正圆满，轻灵沉着，浑厚庄重。

三、武式太极拳

由广平府（今邯郸市永年区）的武河清（字禹襄，号廉泉，1812—1880年）所创。1852年，武禹襄赴河南，从温县赵堡镇陈清萍学习陈式新架太极拳，得其精妙，并从长兄武澄清处得王宗岳《太极拳谱》，读后大悟。在钻研太极拳陈式架式的基础上，结合《太极拳谱》之精华，通过自身练拳体会，融会贯通，自成一派。武禹襄以教书为业，从学者以其外甥李亦畬为最优。李亦畬身体力行刻苦习练，多有著述。他所传拳术，以门人郝和（字为真）为最精。武式太极拳的特点：两手各管半个身体，架势小而紧凑，身法严谨，动作均缓，步法轻稳。

四、吴式太极拳

由河北大兴县（今北京大兴区）的吴鉴泉（1870—1942年）所创。在杨露禅到北平授拳时，吴鉴泉父亲全佑从学太极拳，后又拜杨露禅的次子杨班侯为师学得杨式小架太极拳。全佑传子鉴泉，后鉴泉从汉姓吴。吴鉴泉曾在上海开办武校，培养学生，并对父亲所传杨式小架太极拳进行改进和定型而另成一家，世人称为"吴式太极拳"。吴式太极拳以柔化著称，弓步时呈川字形，身稍前倾，又要求架子斜中寓正、动作紧凑柔和，大小适中。

吴式太极拳分南、北两派。南派为吴鉴泉传承，其传人主要有吴公藻、吴公仪、吴英华、马岳梁等。北派为王茂斋传承，其传人主要有赵铁庵、杨禹廷等，再传有赵安祥、李经梧、王培生等。

五、孙式太极拳

由清末河北定县（今定州市）的孙禄堂（1860—1933年）所创。孙禄堂早年拜师于"半步崩拳打遍天下"的形意拳名家郭云深门下，深得形意拳精髓。又师从八卦掌名家程廷华学得八卦，刻苦练习，功入化境，在武林久负盛名，有"活猴子"之称。民国初年，武式太极拳名家郝为真在京忽然染病，孙禄堂慷慨相助，周到照顾。郝病愈后，孙禄堂提出了学习太极拳的要求，得到郝为真应允，孙由此得列太极拳门墙。后来，孙禄堂取形意、八卦、武式太极之精华融为一体，自成一家。孙式太极拳的特点：动作多以抱球形开合，吸收了形意拳进步必跟、退步必撤的步法，所以孙式太极拳也被称为开合太极拳或活步太极拳。

六、和式太极拳

和式太极拳由清代晚期河南省温县赵堡的和兆元始创。和兆元承继祖传医道，喜文好武。十五岁时，师从邻里陈清萍习拳，尽得薪传。和氏女婿李棠阶是晚清著名理学家、朝廷重臣，钦佩妻弟文才武功，长期邀和兆元相随赴任，官授武信郎。和兆元深受李棠阶的影响，精研理学并将其精要融入拳架，创编太极拳"代理架"，即"代表太极之理"的拳架。在拳架练法中要求三直（头直、身直、小腿直）、五顺（顺身、顺腿、顺手、顺脚、顺意）、明三节、知六合等规则和要领。走架以轻灵圆活、中正柔顺、阴阳平衡为准则。后世传习者将"代理架"冠以姓氏，称为和式太极拳。

第二节　太极拳经典拳论

一、《太极拳论》（王宗岳）

太极者，无极而生，动静之机，阴阳之母也。动之则分，静之则合。无过不及，随曲就伸。人刚我柔谓之"走"，我顺人背谓之"粘"。动急则急应，动缓则缓随。虽变化万端，而理唯一贯。由着熟而渐悟懂劲，由懂劲而阶及神明。然非用力之久，不能豁然贯通焉！虚领顶劲，气沉丹田，不偏不倚，忽隐忽现。左重则左虚，右重则右杳。仰之则弥高，俯之则弥深。进之则愈长，退之则愈促。一羽不能加，蝇虫不能落。人不知我，我独知人。英雄所向无敌，盖皆由此而及也！斯技旁门甚多，虽势有区别，概不外壮欺弱，慢让快耳！有力打无力，手慢让手快，是皆先天自然之能，非关学力而有为也！察"四两拨千斤"之句，显非力胜；观耄耋能御众之形，快何能为！立如平准，活似车轮。偏沉则随，双重则滞。每见数年纯功不能运化者，率皆自为人制，双重之病未悟耳！欲避此病，须知阴阳：粘即是走，走即是粘；阴不离阳，阳不离阴；阴阳相济，方为懂劲。懂劲后，愈练愈精，默识揣摩，渐至从心所欲。本是"舍己从人"，多误"舍近求远"。所谓"差之毫厘，谬之千里"，学者不可不详辨焉！是为论。

二、《十三势行功心解》（王宗岳）

以心行气，务令沉着，乃能收敛入骨；以气运身，务令顺遂，乃能便利从心。精神能提得起，则无迟重之虞，所谓顶头悬也；意气须换得灵，乃有圆活之趣，所谓变动虚实也。发劲须沉着松静，专注一方；立身须中正安舒，支撑八面。

行气如九曲之珠，无往不利；运动如百炼钢，何坚不摧？形如搏兔之鹘，神如捕鼠之猫。静如山岳，动若江河。蓄劲如张弓，发劲似放箭，曲中求直，蓄而后发。力由脊发，步随身换。收即是放，断而复连。往复须有折叠，进退须有转换。极柔软，然后极坚刚。能呼吸，然后能灵活。气以直养而无害，劲以曲蓄而有余。心为令，气为旗，腰为纛。先求开展，后求紧凑。乃可臻于缜密矣！

又曰：先在心，后在身。腰松，气沉入骨，神舒体静。刻刻在心。切记"一动无有不动，一静无有不静。"牵动往来气贴背，敛入脊骨。内固精神，外示安逸。迈步如猫行，运劲如抽丝。全身意在精神，不在气。在气则滞。有气者无力，无气者纯刚。气若车轮，腰如车轴。

三、《太极十三势歌》（王宗岳）

十三总势莫轻视，命意源头在腰隙；变转虚实须留意，气遍身躯不稍滞。静中触动动犹静，因敌变化示神奇；势势存心揆用意，得来不觉费工夫。刻刻留心在腰间，腹内松净气腾然；尾闾正中神贯顶，满身轻利顶头悬。仔细留心向推求，屈伸开合听自由；入门引路须口授，功夫无息法自修。若言体用何为准？意气君来骨肉臣；详推用意终何在？益寿延年不老春。歌兮歌兮百四十，字字真切义无遗；若不向此推求去，枉费功夫贻叹息。

四、《五字诀》(李亦畬)

一曰心静。心不静则不专,一举手前后左右全无定向,故要心静。起初举动,未能由己,要悉心体认,随人所动,随屈就伸,不丢不顶,勿自伸缩。彼有力,我亦有力,我力在先。彼无力,我亦无力,我意仍在先。要刻刻留心,挨何处,心要用在何处,须向不丢不顶中讨消息。从此做去,一年半载,便能施于身。此全是用意,不是用劲,久之,则人为我所制,我不为人制矣。

二曰身灵。身滞则进退不能自如,故要身灵。举手不可有呆像。彼之力方挨我皮毛,我之意已入彼骨内。两手支撑,一气贯串。左重则左虚,而右已去;右重则右虚,而左已去。气如车轮,周身俱要相随,有能不相随处,身便散乱,便不得力,其病于腰腿求之。先以心使身,从人不从己,后身能从心,由己仍是从人。由己则滞,从人则活。能从人,手上便有分寸。称彼劲之大小,分厘不错;权来意之长短,毫发无差。前进后退,处处恰合,工弥久而技弥精亦。

三曰气敛。气势散漫,便无含蓄,易散乱。务使气敛入脊骨。呼吸通灵,周身无间。吸为合为蓄,呼为开为发。盖吸则自然提得起,亦拿得人起;呼则自然沉得下,亦放得人出。此是以意运气,非以力使气也。

四曰劲整。一身之劲,练成一家。分清虚实,发劲要有根源。劲起脚跟,主于间腰,发于脊背,形于手指。又要提起全副精神,于彼劲出发之际,我劲已接入彼劲,恰好不后不先，如皮然火，如泉涌出。前进后退，丝毫不乱，曲中求直，蓄而后发，方能随手奏效。此谓借力打人，四两拨千斤也。

五曰神聚。上四者具备，总归神聚。神聚则一气故铸，练气归神，气势腾挪，精神贯注，开合有致，虚实清楚。左虚则右实，右虚则左实。虚非全然无力，气势要有腾挪。实非全然占煞，精神贵贯注。紧要全在胸中、腰间运化，不在外面。力从人借，气由脊发。胡能气由脊发，气向下沉，由两肩收于脊骨，注于腰间，此指，此气之由上而下也，谓之合。由腰行于脊骨，布于两膊，施于手指，此气之由下而上也，谓之开。合便是收，开即是放。能懂得开合，便知阴阳。到此地位，功用一日，技精一筹，渐至从心所欲，罔不如意矣。

五、《陈子明太极拳论》（陈子明）

（一）性质：初学宜以自然柔活为主，柔宜松，活宜领，柔而不松，活而不领，即不自然，安能致坚刚于将来哉。

（二）程序：习太极拳之程序，须先慢后快，快后复缓，先柔后刚，然后刚柔始能相济。

（三）动作：太极拳之动静作势，纯任自然，运化灵活，循环无端，要知其虚实开合，起落旋转，俱从圆形中来。凡初步入门，以大圈为法，始则柔筋活节，进则接骨斗榫。学者诚明乎此，身作心维，朝斯夕斯，精而求之，进步自速。

（四）无贪无妄：凡运用与姿势均须求其正确，庶练成后不致犯病，而精进自易，若贪若妄者，成就难鲜，此弊初学者十九难免，切宜注意。

六、《太极拳十要》

杨澄甫（口授）、陈微明（笔录）

（一）虚灵顶劲

顶劲者，头容正直，神贯于顶也。不可用力，用力则项强，气血不能流通，须有虚灵自然之意。非有虚灵顶劲，则精神不能提起也。

（二）含胸拔背（舒胸阔背）

含胸者，胸略内含，使气沉于丹田也。胸忌挺出，挺出则气拥胸际，上重下轻，脚跟易于浮起。拔背者，气贴于背也，能含胸则自能拔背，能拔背则能力由脊发，所向无敌也。

（三）松腰（松腰松胯、腰胯相连）

腰为一身之主宰，能松腰然后两足有力，下盘稳固；虚实变化皆由腰转动，故曰："命意源头在腰际"，有不得力必于腰腿求之也。

（四）分虚实

太极拳术以分虚实为第一义。如全身皆坐在右腿，则右腿为实，左腿为虚；全身皆坐在左腿，则左腿为实，右腿为虚。虚实能分，而后转动轻灵，毫不费力；如不能分，则迈步重滞，自立不稳，而易为人所牵动。

（五）沉肩坠肘（松肩垂肘）

沉肩者，肩松开下垂也。若不能松垂，两肩端起，则气亦随之而上，全身皆不得力矣。坠肘者，肘往下松垂之意，肘若悬起，则肩不能沉，放人不远，近于外家之断劲矣。

（六）用意不用力

太极拳论云：此全是用意不用力。练太极拳，全身松开，不使有分毫之拙劲，以留滞于筋骨血脉之间，以自束缚，然后能轻灵变化，圆转自如。或疑不用力何以能长力？盖人身之有经络，如地之有沟渠，沟渠不塞而水行，经络不闭则气通。如浑身僵劲满经络，气血停滞，转动不灵，牵一发而全身动矣。若不用力而用意，意之所至，气即至焉，如是气血流注，日日贯输，周流全身，无时停滞。久久练习，则得真正内劲，即《太极拳论》中所云"极柔软，然后极坚刚"也。太极拳功夫纯熟之人，臂膊如绵裹铁，分量极沉。练外家拳者，用力则显有力，不用力时，则甚轻浮。可见其力，乃外劲浮面之劲也。不用意而用力，最易引动，不足尚也。

（七）上下相随

上下相随者，即《太极拳论》中所云"其根在脚，发于腿，主宰于腰，形于手指，由脚而腿而腰，总须完整一气"也。手动、腰动、足动，眼神亦随之动，如是方可谓之上下相随。有一不动，即散乱也。

（八）内外相合

太极拳所练在神，故云："神为主帅，身为驱使。"精神能提得起，自然举动轻灵。架子不外虚实开合。所谓开者，不但手足开，心意与之俱开；所谓合者，不但手足合，心意亦与之俱合，能内外合为一气，则浑然无间矣。

（九）相连不断

外家拳术，其劲乃后天之拙劲，故有起有止，有线有断，旧力已尽，新力未生，此时最易为人所乘。太极拳用意不用力，自始至终，绵绵不断，周而复始，循环无穷。原论所谓"如长江大海，滔滔不绝"，又曰"运劲如抽丝"，皆言其贯串一气也。

（十）动中求静

外家拳术，以跳掷为能，用尽气力，故练习之后，无不喘气者。太极拳以静御动，虽动犹静，故练架子愈慢愈好。慢则呼吸深长，气沉丹田，自无血脉偾张之弊。学者细心体会，庶可得其意焉。

七、《全体大用诀》（杨班侯）

太极拳法妙无穷，掤捋挤按雀尾生。
斜走单鞭胸膛占，回身提手把着封。
海底捞月亮翅变，挑打软肋不容情。
搂膝拗步斜中找，手挥琵琶穿化精。
贴身靠近横肘上，护中反打又称雄。
进步搬拦肋下使，如封似闭护正中。
十字手法变不尽，抱虎归山采挒成。
肘底看捶护中手，退行三把倒转肱。
坠身退走扳挽劲，斜飞着法用不空。
海底针要躬身就，扇通臂上托架功。

撇身捶打闪化式，横身前进着法成。
腕中反有闭拿法，云手三进臂上攻。
高探马上拦手刺，左右分脚手要封。
转身蹬脚腹上占，进步栽捶迎面冲。
反身白蛇吐信变，采住敌手取双瞳。
右蹬脚上软肋踹，左右披身伏虎精。
上打正胸肋下用，双风贯耳着法灵。
左蹬脚踢右蹬式，回身蹬脚膝骨迎。
野马分鬃攻腋下，玉女穿梭四角封。
摇化单臂托手上，左右用法一般同。
单鞭下式顺锋入，金鸡独立占上风。
提膝上打致命处，下伤二足难留情。
十字腿法软骨断，指裆捶下靠为锋。
上步七星架手式，退步跨虎闪正中。
转身摆莲护腿进，弯弓射虎挑打胸。
如封似闭顾盼定，太极合手式完成。
全体大用意为主，体松气固神要凝。

八、《拳经总歌》（陈王廷）

纵放屈伸人莫知，诸靠缠绕我皆依。
劈打推压得进步，搬撂横采也难敌。
钩掤逼揽人人晓，闪惊巧取有谁知？
佯输诈走虽云败，引诱回冲致胜归。
滚拴搭扫灵微妙，横直劈砍奇更奇。

截进遮拦穿心肘，迎风接步红炮捶。
二换扫压挂面脚，左右边簪庄跟腿。
截前压后无缝锁，声东击西要熟识。
上笼下提君须记，进攻退闪莫疑迟。
藏头盖面天下有，攒心剁肋世间稀。
教师不识此中理，难将武艺论高低。

第三节　徐海亮发表的武术文章选录

一、《在练习太极拳过程中如何预防膝关节疼痛和损伤》

（注：此文发表在《中华武术》2014年第12期）

太极拳作为中华武术的一个优秀武术拳种，随着社会的发展，其健身养生功效越来越被人们所认可，学练太极拳的人也越来越多。在练习太极拳的人群当中，总有一些人会感觉到不同程度的膝关节疼痛，甚至因为长期坚持练习造成了膝关节的损伤。那么如何避免练习太极拳损伤膝关节呢？

我们在长期的教学实践中一直都非常注意这个问题，并做了具体的分析。大家知道膝关节是胫骨和腓骨与股骨相连接之处，前面是髌骨，中间有两块月牙形软骨，即两块半月板，周围是由多条韧带和肌肉固定包围成的囊状腔体。膝关节这种结构决定它不是万向节，它的主要功能是顺着胫骨和股骨方向向后弯曲，侧向扭动的角度不大，膝关节侧向转动主要是依赖两块半月板滑动来实现的，这样的结构决定了膝关节如果受力不均或者受力过大比较容易受伤的特点。

经过长时间的实践总结，我们认为造成膝关节疼痛或损伤的原因主要有以下四个方面。

（一）下肢动作不正确

在练习太极拳的过程中，因为下肢动作不正确造成膝关节疼痛或损伤是比较常见的，一般有以下几种常见的情况。

1. 上步前，支撑腿没有向外摆脚尖。在练习太极拳的过程中，身法变换需要上步的时候，一定要先摆脚，再上步。有的人不摆脚就上步，这样就会出现强行扭转膝关节的现象，大、小腿在膝关节部位形成别扭的情况，就会造成膝关节疼痛或损伤。

2. 上步前，支撑腿摆脚的角度或大或小不合适，没有旋转膝关节，没有使腿部转动与转身协调起来，大、小腿在膝关节部位形成别扭的情况，这样也会造成膝关节疼痛或损伤。

3. 上步或者开步的角度不正确。有的人练习太极拳的时候只是强调向前方或者向后方45°、30°、60°上步、退步或者向左右横向平行开步，只是强调技术的指标，并没有考虑支撑腿和上步或开步腿所应该保持的自然角度。如果开步或者上步，两腿不能处于自然协调的状态，膝关节部位就会处于别扭的状态，长期在这种情况下练习，就会造成膝关节的疼痛或者损伤。

4. 摆脚上步时不松胯，支撑腿膝关节蹬得太直，而不是处于自然稍微弯曲的状态。如果支撑腿伸展得太直，上步过程中，重心前移就会加大膝关节压力，直接挤压半月板，从而造成半月板损伤。

5. 上步或开步以后，支撑腿没有及时松胯。上步或者开步以后，如果不能及时松胯，重心就会较长时间停留在支撑腿上，不仅重心转移不顺畅，而且会使支撑腿受力过重、受力时间过长，特别是当摆脚和开步存在错误的时候，膝关节处于别扭的状态，就会对支撑腿造成伤害。

6. 在身法转换、重心移动的时候，膝盖超过脚尖，半月板会没有滑动余地，直接受到挤压，使膝关节前面髌骨和韧带受力过大，这样也会造成膝关节疼痛或损伤。

7. 在身法转换、重心移动时，松胯圆裆不够，膝关节与脚尖方向不一致，使膝关节处于别扭的状态，这样也会造成膝关节疼痛或损伤。

（二）下肢负重量过大

相对其他体育项目，太极拳运动下肢负重是比较大的，膝关节负重也是比较大的。我们知道，膝关节负重大小是相对的，膝关节负重能力与练习者自身素质有关。一般情况下，青少年比成年人负重能力强；成年人年龄小的比年龄大的膝关节负重能力强；经常参加锻炼的人比不经常参加锻炼的人膝关节的负重能力强。无论是初学者还是专业运动员，每个人的膝关节负重都有极限量，超过这个极限量就会使膝关节疼痛、受伤。

在练习太极拳的过程中，腿部的基本动作大多要求膝关节处于弯曲的状态。对于初学者来说，因为腿部肌肉力量不足，这种弯曲更容易使腿部肌肉出现酸疼的现象，膝关节受力过多，更容易让膝关节紧张，出现疼痛现象。专业运动员因为腿部肌肉力量比较大，膝关节受伤概率相对就会小一些。如果运动量比较大、技术动作存在错误也容易造成膝关节疼痛和损伤。

膝关节受力过大造成膝关节疼痛和损伤的情况，在各种太极拳训练者人群中都可能存在。有可能是一次性局部受力过大，如震脚、跌岔、下蹲动作用力过猛等都会使膝关节局部负重过大，造成骨膜、肌肉、韧带或半月板损伤。也可能是一段时间积累性运动量过大，如长时间练功架势过低、单腿屈伸负重时间过长也会使膝关节受力过度而形成伤害。或者较长一段时间运动量过大，使膝关节长时间处于超负荷状态，造成膝关节疼痛或损伤。

（三）不良的运动习惯

1. 不做准备活动或准备活动少。有些人在练习太极拳之前，准备活动做得不充分，或者根本不做准备活动。在没有适度做准备活动的情况下，身体各个器官和神经系统没有产生适度的兴奋，特别是各个关节部位的神经系统和肌肉都没有得到适度的刺激，在这种情况下直接练拳，关节部位还没适应，关节囊腔难以及时分泌更多的润滑液，这样膝关节负重过大也很容易疼痛或者受到损伤。

2. 练功出汗以后，不避风寒等不良习惯造成膝关节受到邪气侵袭形成风湿伤痛。

（四）练习者原来下肢有伤病，锻炼又不科学，加重了原来的伤病

有些太极拳爱好者本身膝关节就有滑膜炎、风湿等关节炎、伤病症状，正确适量练习太极拳会减缓疼痛和炎症症状，对相关疾病起到辅助治疗的作用，但是如果不注意练习方法和技术的正确性，或者运动量过大就会加重病情。

针对以上各种情况，我们如何才能在练习太极拳过程中避免膝关节疼痛和损伤呢？

首先，要正确对待太极拳健身。有人简单地认为练习太极拳就可以健身养生，而不知太极拳是体育运动的一种，运动习惯不好、练习方法不正确都会对身体产生伤害。太极拳的健身和养生功效是经过科学证明的事实，这一点不用质疑，但是一定要清楚，这种健身养生功效是在技术正确和运动量适度的基础上所产生的良性效果。相反，如果技术错误、运动量过大，以及运动习惯不良也会造成伤害。因此一定要在思想上加强认识，注重技术的正确性和培养良好的运动习惯，避免练习太极拳对身体产生伤害，特别要注意预防膝关节损伤。

其次，要注重技术的正确性。无论是教练员还是运动员，无论是在学习动作初期还是在演练提高的过程中，都要注重技术的正确性，这样才能把伤害膝关节的基本因素消除掉。例如，上步前，一定要摆脚；在做马步或偏马步时，要松胯圆裆，膝盖不要超过脚尖；转身变换身法时，要注意自然松胯，配合自然转膝，不能膝关节绷直等。这些技术要领，一定要在学习初期就明确认识到，以便更好地保证演练时动作的正确性。在训练提高的过程中，也要随时注意，如果不注意这些最基本的技术要领，那么膝关节受到损伤是早晚的事情。

再次，要注意个性差异。无论是专业太极拳运动员还是一般的太极拳爱好者，无论是教练员还是学员，在注意动作正确性的基础上都要注意个性差异，不能要求动作完全一致、不能按同一标准来衡量。我们在训练过程中，要求动作的姿势正确，但幅度、动作规格、运动量等要注意个性差异，要符合个人生理要求。如"摆脚下岔"这个动作，摆脚的高度和幅度会有差异，下岔的幅度也会有不同，有的人不可以直接下岔，如果统一要求是不合理的。所以说，技术正确性一定是建立在个性差异基础上的。因为每个人的身高、体重、力量、耐力、柔韧性、协调性、平衡能力、伤病情况等个人体型和身体素质都是不同的，所以这里所说的正确性不单单是简单的技术层面的正确，而是在符合练习者生理要求的基础上的正确。比如说，开步、上步的步幅、角度，架势的高低等跟练习者的身体素质、基本功的好坏、入门时间长短、单次训练强度、下肢的承受力等都有关系，所以，教练员要在一般性训练的基础上对学员区别对待，不能强求统一。老队员和新队员运动量不能一样，以免初学者运动量过大造成膝关节损伤。教练员要根据队员情况，合理安排其运动量；练习者本人也要根据自身条件，注意动作技术的合理性、动作幅度和运动量适度，这样才能避免对膝关节造成损害。

最后，要把预防膝关节损伤的措施落到实处。我们要想把预防膝关节损伤的措施落到实处，应该从以下几个方面着手：①要随时随地强调技术要领的重要性。我们要随时随地强调正确的技术要领，要把这种要求贯穿于整个训练过程始终，落实到每一个练习者的每个技术动作中。②要根据个性差异安排运动强度和训练方式。大众健身团队，一般都以集体演练为主，对于初学者各部位的姿势可以要求高一些，减少随队练习的遍数，运动量也可以相对小一些。对于膝关节疼痛或者有伤痛的人员，更要积极认真对待。有伤者要积极治疗。有轻微疼痛或者酸痛的人，一定要了解是运动过量造成的疼痛，还是已经有伤，以针对具体情况安排训练。有伤的一定要积极治疗，运动量过大形成的疼痛，可以减少运动量。演练方式上可以有所改变。依照我们的经验，对于初学者或者相对运动量过大而形成膝关节疼痛的人员，可以借鉴小孩子玩耍时相对无意识自由活动的运动方式。众所周知，孩子在玩耍的时候，动作是最协调、最不容易劳累的。初学者的膝关节疼痛或者损伤常常与身体动作不协调息息相关。如果身体运动不协调，膝关节更容易疲劳，更容易造成疼痛和损伤。所以我们可以让习练者采用自由比划动作、相对自由速度演练的方法来练习所学动作。这样可以提高身体的协调性、减轻膝关节部位的紧张程度，从而可以减轻膝关节疼痛、避免膝关节损伤。③要培养良好的运动习惯。要建立在防止受伤的基础上健身的思想。太极拳的锻炼过程一定要遵循一般训练程序，一定要先做准备活动或先轻松演练复习一下套路作为热身，然后再逐渐把动作做到位。无论是正式训练，还是自由演练热身，在整个过程中都要注意技术要领，不能因为自由演练而忽视动作的正确性。培养对技术的认真态度，是保证动作准确、逐渐提高技术水平的必要习惯。另外练习出汗后，一定要及时保暖，要避风寒，以免生病。

练习太极拳健身养生是一个长期的实践过程，我们必须把避免受伤害放在第一位，必须从思想上和行动上重视技术的正确性、训练程序的科学性、训练内容的合理性，同时培养良好的训练习惯，只有这样我们才能够避免运动损伤，才能真正通过练习太极达到健身养生的目的。否则，练习太极拳的目的是好的，但练习的结果却与之相反，那就得不偿失了。所以在练习太极拳的过程中，我们一定要提倡科学健身，远离运动伤病！

二、《太极拳推手的劲力机理与发劲原则》

（注：此文发表在《武林》2003年第4期）

太极推手是太极拳训练体系中最重要的一个环节，它是从练拳到用拳的中间过渡阶段。只有练好推手，才能使"所练之拳"变成"所用之拳"，那么练太极推手要解决什么问题呢？笔者认为太极推手必须围绕两项基本任务和一个根本目的来进行。两项基本任务是：第一，加强对太极劲力机理的认识，使拳架动作更加符合太极拳拳理的要求。第二，通过对太极劲力机理的认识，探寻太极推手的发劲规律。在两者基础上，努力使拳式招法的实用性得以有效的实施，这才是太极推手训练的根本目的所在。

学练和掌握太极拳技术，其实就是对太极拳劲力机理不断认识、逐步提高和实际应用的过程（单纯健身除外）。练习太极拳，不仅要通过套路动作的演练来感知动作本身的拳劲，还要通过推手训练来提高拳架动作的质量，更需要通过推手训练来感觉和体会自己劲力的状况和运行方式，这就是通常所说的"知劲"。同时，要在认识自己劲力的基础上去体会对方劲力的运行状况和感知对方劲力与招法在推手过程中的各种变化，这就是所谓的"懂劲"。那么，在推手的练习过程中，推手动作怎样才能更有利于感知和体会对方的劲力与招法的变化呢？按《太极拳论》中的要求，那就是"不过不及，随曲就伸"。在推手训练过程中，两个人的动作应该做到"无过"，无过称为"粘"，过则称为"顶"；应该"能及"，能及称为"黏"，不及称为"匾"；应该"随曲"，随曲称为"连"，不随曲称为"丢"；应该"就伸"，就伸称为"随"，伸得太早则称为"抗"。就是说，在推手训练过程中双方的动作要力求协调一致，努力做到"不过不及，随曲就伸"，要"粘、黏、连、随"，并尽可能避免出现"顶、匾、丢、抗"等四种毛病。笔者认为"不过不及，随曲就伸"是太极拳推手训练中对动作的具体要求，而"粘、黏、连、随"则可以说是对推手训练中内力感觉的要求。只有这样，才能使自己的动作与劲力更加和谐统一，才能提高对太极拳架招法的理解，才能使我们真正地做到"知劲"和"懂劲"，才能培养和提高"听劲"的敏锐感觉，在此基础上才能灵活地运用"掤、捋、挤、按、採、挒、肘、靠"八种劲法来化解对方劲力，并借其劲力，最后通过发劲去破坏其技术效用，使其被动并受制于我，以达到"借力打力"的目的。由此可以看出，太极推手就是使自己动作更加符合太极拳拳理、使自己的劲力更加符合太极拳劲法的要求，同时对推手过程中双方劲力变化进行感悟，并对动作招法进行具体实施应用的过程。而具体实施应用的效果如何直接取决于练习者对太极推手的劲力机理的理解以及对发劲方法的掌握程度，那么怎样来认识太极推手的劲力机理呢？笔者认为可以从以下几个方面进行探讨。

（一）太极推手的劲力机理

以甲掤、乙捋立圆单推手为例。

1. 相对掤劲

两个人手臂相搭以后，各自都必须在自己的手臂与身体之间保持一种相对的掤劲，它可以在身体外围相对对方形成一个动态的防线，它具有感知、防御对方劲力的作用。

2. 力接点的椭圆形轨迹与劲力转化点

两人单搭手以后，就会存在一个双方的力接点。这个力接点在甲掤、乙捋的推手运行中可以形成一个立体的椭圆形轨迹。同时甲的掤劲（或乙的捋劲）在力接点的椭圆形轨迹上运行到某一特定的点时便会转化成顺从对方劲力的随顺劲。这个劲力的转化点，即可视为掤劲（或捋劲）的力尽点。在其他形式的推手中，同样也存在力接点的椭圆形轨迹和力尽点，它们虽然比较复杂，但基本机理与上述相同。

3. 相对重力中心线

两个人相持状态下，在身体外部都存在一条相对对方的

第三章　太极拳拳法拳理

重力中心线，即本人身体重力线在自己体外的投影。也可以在双方相持时，正面直对另一方所持掤劲的地方表现为一点，通过此点双方重心相对距离最近。

4. 劲力的有效范围

在太极推手过程中，由于双方相对面空间有限，相持双方进攻和防守的招法（即相对劲力的实施和变换）都存在着一定局限性。也就是说，只有在一定的范围之内，双方自身的劲力才能得以控制、转化或产生效应；使对方的劲力离开一定的范围之外，就可以使其失去作用，处于被动或失控状态。

5. 身体中心轴与力接点半径

在太极推手过程中，甲、乙两个人手臂相搭就会产生一个力接点，为了保持向外的掤劲，各自手臂与身体之间必须保持一定的距离。那么各自身体中心轴与力接点之间就必须存在一定的距离。由于力接点可以视为掤劲弧线上的一点，因此身体中心轴与力接点的距离就可以看作身体中心轴与力接点的半径。这个半径可以随着双方劲力变化而有长短的变化。

（二）太极推手发动的原则

在太极推手过程中，其劲力机理在动态情况下并没有发生太大的变化。我们以此为依据来探讨如何发劲使自己的招法得以有效实施，并能达到"借力打力"战胜对手的目的，相对就比较容易了。那么，在太极推手中如何发劲才能使自己的动作技术更加实用有效呢？笔者认为，太极推手的发劲应该遵循以下原则。

1. 力接原则

在太极推手过程中，感知对方劲力变化和把自己的劲力施加给对方都是通过力接点来实现的。因此，在劲力运行与转化过程中必须使力接点保持相对固定，同时使自己的劲力与对方的劲力始终保持一种良好的接触状态，也就是所谓的粘、黏、连、随，这样才能避免顶、匾、丢、抗现象的出现；也只有使自己的劲力与对方劲力保持连接并在同步运行的状态下发劲，才能使借对方劲力进攻对方或反击对方成为可能，否则根本谈不上"借劲"。

2. 中起原则

我们知道，劲力转化点是劲力相互转换的地方，如果进攻一方在此处发劲，就不能产生借对方劲力的效果，而防守一方也不容易即时转化进攻的劲力。这样双方就会出现僵持、顶牛的现象。也就是说，发劲的启动点不能在劲力的转换点处，而应该在劲力运行过程中的弧线上，这样才更有利于发劲的启动和运行。

3. 加速原则

在推手过程中，双方力接点处的相对劲力大小相等、方向相反，在一定程度上是相互抵消的。而双方力接点运行的椭圆形轨迹的劲力是两人的合劲，这个合劲相对双方来说，方向是一致的、速度是相等的。也正是这个原因，只有进攻一方提高劲力、加快速度，使自己的劲力超过合劲，这样才能牵带对方的劲力并产生借力效果。

4. 偏向原则

在推手过程中，双方力接点运行轨迹如果始终处在双方劲力的有效范围内，并处于相对稳定的运行状态，彼此进攻和防守都相对比较容易。因此，一方如果想进攻另一方，就要在发劲的同时改变自己劲力的原来方向，借以使原来双方合劲的运行方向也发生改变，并带动对方使其劲力方向发生相应变化，近逼或远离其重力中心线，使双方合劲仍在自己的有效范围之内而脱离对方的劲力有效范围，打破原有的相对稳定状态，使防守一方难于化解进攻方的发劲，这样才能达到敌背我顺、进攻对方的目的。

5. 针对重心原则

在太极推手过程中，无论是招法的远牵，还是劲力的近逼，都要针对对方的重心进行。一般情况下，可以采用掤、捋、採、挒等劲法，使力接点远离对方重力中心线；而采用挤、按、肘、靠等劲法使劲力近逼对方重心中心线，其出发点就是为了破坏对方重心的稳定性，使其身体失去平衡而导致失败。

6. 弹性原则

在太极推手过程中，自己的手臂与身体之间必须保持一定的距离，要一直保持一种弹性的掤劲，就像身体中心轴与力接点之间存在着弹簧一样。太极推手中的发劲就应该像把弹簧压扁，然后再利用其弹性把对方弹出去一样，发劲的动作效果和弹性的大小取决于功力的深浅。如果对方发劲把你的掤劲压扁了，那么你一定会受制于人；同样，如果你发劲以后，你的弹簧被拉直了，在你手臂与身体之间的弹性掤劲没有了，你一样会受制于人。所以，无论在发劲之前、发劲之后，还是在发劲过程之中，你身体中心轴与力接点之间的半径虽然可以随着双方力量的变化而随时发生长短的变化，但是在你的手臂与身体之间一定要保持一种可以伸缩的弹性。广而言之，身体各个部位之间也都应该保持这种弹性，这就是传统太极拳理论中所要求的"一身备五弓"。

7. 旋转原则

力在同一平面沿弧线改变方向就是动作的转，力在立体空间沿螺旋弧线改变方向则是动作的旋，旋转即是缠丝，它是太极拳动作技术的精髓所在。在太极拳中，手臂原位向内、向外翻，即是转；如果同时伴随前后伸缩，就是旋转，即是缠丝。身体原位向左、向右改变方向，即是转；如果同时伴随上下起落，就是旋转，也是缠丝。腿部动作也是同样的道理。正所谓"太极无处不缠丝"，太极是用缠丝理论来统领全局要求的每一个动作的，这也正是太极拳与其他武术流派的根本区别。太极拳的动作之所以能够产生"四两拨千斤"的效果，也就是因为太极拳的动作是旋转动作，是缠丝动作。例如，对方向你的手臂施加10牛顿水平方向的挤力，如果你想阻止对方的手臂挤向你的身体，你可以直接用10牛顿的掤力顶住它,但是这不符合太极拳的技术要求。你应该向上或向下翻转你的手臂,这样就可以使对方的力产生一个向上或向下的分力,同时向侧面伸缩你的手臂,这样就可以使对方的力产生一个侧向的分力。这样一来,对方的力就被分解成两个分力。当然,你还可以同时配合身法的起落、旋转,这样就可以把对方的力分解成多个分力。那么你在化解对方劲力时所用的向外的掤力就会远远小于对方的10牛顿的力,这就是太极拳的"四两拨千斤"。因此,在太极推手过程中必须使你的动作旋转起来,努力做到每一个动作都有缠丝劲。只有这样,你的技术动作才符合太极拳拳理、劲法的要求,也只有这样,你才能够逐步体会到太极拳作为一种武术流派所具有的独特的精髓内涵。

笔者认为,以上七项原则可以视为太极推手发劲所应遵循的基本原则,它们是相辅相成、缺一不可的。对于太极推手劲力机理的感知和领悟是一个非常复杂的过程,提高太极推手的技术水平更是一个需要不断地去思考、不断地去实践的漫长过程。从太极推手的动作本身去探讨推手时双方劲力的状况、去研究推手发劲的合理性、去追求拳架动作的有效性,并在此基础上理解纯理论化的传统太极理论或许会更加有益。以上观点仅是一家之言,难免有异议,若能对太极推手理论研究起到一个抛砖引玉的作用,足矣!

三、《陈式太极拳的健身与养生效用》

（注：此文发表在《武林》2004年第7期）

陈式太极拳是古老的拳种之一，也是目前人们最喜爱的健身项目之一。陈式太极拳是依据阴阳之理、中医经络学说及导引、吐纳术，综合武术技术创编而成的。因此，练习陈式太极拳可以平和阴阳、疏通经络、调节神经，全面提高人体的呼吸系统、循环系统、神经系统和消化系统的各项生理机能，从而起到防病、治病、健身的作用。实践证明，练习陈式太极拳对防治神经衰弱、高血压病、心脏病、关节炎等多种慢性疾病有显著的作用。那么，练习陈式太极拳应该注意哪些事项呢？

（一）练习陈式太极拳要重视动作技术的规范性

可以说，陈式太极拳防治疾病、健身的功效直接来自陈式太极拳的动作本身。所以，练习陈式太极拳首先要做到动作正确，只有动作符合技术要求，才能起到防病、治病、健身的效果。大家知道，陈式太极拳的动作要领是立身中正、虚领顶劲、沉肩坠肘、以腰为轴、肢体沿弧线运动；劲力要求是缠丝劲，要节节贯穿，周身一致。那么这些要领和要求对防病、健身又有什么作用呢？我们不妨作以下分析：如果能够做到"立身中正、虚领顶劲、沉肩坠肘"，那么颈椎、腰椎、尾椎就会相对拉长、舒展。而中枢神经就是贯穿于脊椎中间从大脑连接肢体各部的，因为颈椎、腰椎、尾椎相对拉长、舒展，神经传导就会更加通畅，大脑和肢体的神经反射速度就会加快。颈椎和腰椎疾病大多是由于相邻的椎间盘长时间处于受力不匀的情况造成的,如果颈椎、腰椎、尾椎被相对拉长而变得舒展,那么颈椎、腰椎的间盘之间就会趋于平行,相互受力也会趋于均衡,再加上"以腰为轴"的旋转运动,就会改善它们之间的血液循环,从而起到防治关节疾病的功效。如果能够做到"立身中正、虚领顶劲、沉肩坠肘",颈椎、腰椎、尾椎被相对拉长的同时,胸、腹腔也就会相对扩大,那么胸腹腔内的心、肝、肺、脾、肠、胃、肾等内脏器官就会恢复到相对原始的状态,再加上"以腰为轴"的旋转运动,就会对这些脏器起到有效的按摩作用,从而使呼吸系统、微循环系统、消化系统、生殖系统、内分泌系统的功能得到改善,从而达到防病、治病的健身效果。

演练陈式太极拳的劲力方法要正确。只有演练的劲力方法正确,才能真正体现陈式太极拳的拳种特点,也只有演练的劲力方法正确,才能真正达到防病、治病、健身的目的。陈式太极拳以"缠丝劲"为主要表现特征,并要求劲力节节贯穿、周身一致。可以说,"缠丝劲"也是使陈式太极拳具有良好健身价值的主要原因之一。"缠丝劲"是一种螺旋式的劲力方法,这种劲力方法可以使血液循环加快。例如,我们用手握住一根塑料水管的一端,里面充满水,然后抡摇水管,让它呈螺旋式运动。这时我们就会发现,水管里的水会加大对水管壁内侧的压强,并加快向远端的流动。其实我们在练习陈式太极拳的时候,"缠丝劲"所产生的效果和上述例子是一样的，只是速度不会那么快，效果不会那么直观而已。在陈式太极拳中，弧线的肢体运动和螺旋式的"缠丝劲"相结合，使劲力节节贯穿于周身各部，不仅可以使全身的血液循环加快，而且可以加大对血管内壁的压强，从而增加血管弹性，改善血液循环、加速血液供养，以及加快微循环代谢，所以练习"缠丝劲"可以达到健身的效果。练习陈式太极拳的人大多数会遇到这种情况，练拳会出汗，甚至会大汗淋漓，但不会气喘吁吁。这就是血液循环供养加快、微循环代谢加快并通过汗液把代谢物排出体外的结果，这也是陈式太极拳防病、治病、健身的一个具体体现。"以腰为轴的肢体沿弧线运动"和"节节贯穿的缠丝劲"是陈式太极拳防病、治病、健身的基础内因，因此每一位陈式太极拳爱好者都应该特别注重这两方面的修炼。

（二）练习陈式太极拳要注意因人而异

过去有人认为，老人和体弱多病的人不适合练习陈式太极拳。其实这种看法并不全面，就其防病、治病、健身的效果来讲，陈式太极拳适合各个年龄段和各种体质的人来练习，而且效果显著，只是要注意因人而异而已。

1. 要注意因势因时因地而异

练习者要根据自己的年龄和体质情况来决定动作架势的高低和动作幅度的大小。年龄适当和体质较好的人可以尽可能把动作做得能高即高、能低即低，动作幅度也要符合常规要求。例如，在做"雀地龙"时，腿要仆地；在做"金鸡独立"时，手要伸展充分、膝要提至足够高度；在做"转身摆莲"时，腿的外摆幅度要到位等。年龄较大和体质较弱的人可以适当降低标准，但一定要注意动作的正确性。例如，在做"雀地龙"时，腿可以不仆地，但不要低头撅臀；在做"金鸡独立"时，手要尽可能伸展、膝可以提得不那么高，但不要弓腰弯背；在做"转身摆莲"时，腿的外摆幅度可以适当减小，但不要弯腰够脚等。

为了防病、治病、健身，练习者可以根据自己的情况选择一些单独的动作架势来练习。如老年人为了提高腿部力量和身体的协调性，可以选"前蹚拗步"和"倒卷肱"等动作来做单独的或连续性练习。为了防治颈、腰椎疾病，练习者可以在原地或配合步法连续做"云手"动作，并且可以适当加大"云手"和转身的动作幅度，这样不仅可以防治身体各部位的关节疾病，还可以通过身体的协调转动，对内脏产生按摩作用，从而改善内脏器官的各项功能，达到健身防病的目的。

在现实生活当中，有一些人有比较固定的锻炼时间，但也有一些人因为工作等原因并没有相对固定的锻炼身体的时间。那么，对于那些练习陈式太极拳的人来说，如果可以在公园、广场按时参加晨练，当然是一件再好不过的事情；如果没有这样的条件，也可以根据自己的实际情况，根据具体的时间、地点来安排自己的练习内容或拳架动作。如在办公室，就不可能随意练习，但是可以根据当时的具体情况，把单个的动作作为练习内容。在工作间隙、不影响他人的情况下，站起来做一做"金鸡独立"，来锻炼一下自身的腿部力量和控制平衡的能力；也可以练习一下"双手缠丝"或"云手"，这样既可以消除疲劳，又可以防治颈椎和腰椎疾病。在和朋友聚会的时候，可以探讨一些太极拳理论，也可以练习一下推手，这样既可以促进思想的交流又可以提高拳术技艺，可谓是一举两得。练习陈式太极拳贵在坚持，只要坚持不懈地练习就能提高自己的技术水平并达到防病健身的目的。

2. 要注意因目的因能力而异

练习者还要根据自己的目的和自身的能力等因素来决定练习中的个人标准。有的人是为了比赛，有的人是为了健身；有的人拳龄时间长，有的人拳龄时间短；有的人体质好，有的人体质差；有的人身体健壮，有的人身体虚弱。这样，各人在练习能力方面就存在个性的差异。我们知道，快慢相间、刚柔相济、松活弹抖、蹿蹦跳跃是陈式太极拳的一些基本特点，这些特点对于比赛、技击来讲是必不可少的，但是对于健身来讲，适当地淡化一些这方面的要素也是可以的。有的人只练习陈式太极拳拳术套路，有的人兼习器械，也有的人偏爱推手。在练习过程中，有的人发劲干脆、蹿蹦跳跃、节奏明显；有的人不发劲，不做跳跃动作，动作柔和、缓慢缠绕；有的人整套练习，有的人只选一些动作反复演练。在拳术功力和目的等诸多方面，各人之间是存在差异的，因此在内容选择、难易程度和动作规格、动作量等方面，大家不要有强求统一的想法，只要力所能及、符合陈式太极拳的本派技术要求就可以了。只要演练的拳架动作正确、缠丝劲力顺畅、符合陈式太极拳拳法拳理的基本要求，那么就应该给予肯定。

（三）练习陈式太极拳要注意量的适度和量的积累

练习陈式太极拳，运动量一定要适度，既不要过大，也不要过小。陈式太极拳和其他体育项目一样，运动量过大会对身体产生伤害。即使是为了比赛，运动量也不应该过大。除了整体运动量不要过度以外，还应该注意身体局部运动量的适度，特别要注意下肢受力不宜过度，以免膝关节形成运动性损伤。健身者更应该注意运动量要适度，一般情况下，练习时以身体微微出汗为宜，练习后以感觉不累为原则。

练习陈式太极拳还要注意量的积累，在注意每一次运动量适度的同时，还要注意运动量的长期积累，不能三天打鱼，两天晒网，应该长期坚持。只有量变才能有质变，太极拳健身也是一样，只有长期积累运动量才能达到健身、防病的目的。

（四）练习陈式太极拳要注重理论学习

练习陈式太极拳不仅要注重动作技术，还应该重视对太极拳理论的学习和研究。只有掌握了正确的太极拳理论，才能用它来指导技术实践，才能进一步提高陈式太极拳的技术水平。反过来讲，通过动作的练习来体会和感悟太极拳理论，也可以起到事半功倍的效果。正确理解陈式太极拳的理论和加强陈式太极拳的动作演练是全面提高陈式太极拳技术过程中相辅相成、互相促进的两个方面，两者是缺一不可的。

（五）练习陈式太极拳要注重养生

养生是指全面提升生命的存在质量，它不仅包括防病、治病、健身的内容，还包括修身养性的深层含义。学练陈式太极拳，不仅要注重防病、治病、健身，还应该注重个人的修为。在陈式太极拳的传统理论中，包含了许多优良哲学思想。其中，一些哲学思想不仅对提高技术具有指导意义，而且可以超出指导技术的范畴，延伸到个体指导为人处事、修身养性的现实生活当中。如"立身中正""内外兼修""刚柔相济""动静结合"等，这些都是陈式太极拳理论中具有代表性的文字，如果把它们与为人处事、修身养性联系起来，也会有极其重要的现实意义。"立身中正"可以指导人们为人要坚守一些原则，不能偏离为人宗旨；"内外兼修"可以提示人们德才兼备，既要注意内在知识的积累，又要加强外在能力的提高；"刚柔相济"可以告诉人们处事既不可过刚，也不可过柔，"刚柔相济"方能大成；"动静结合"可以劝诫人们不要以一时之得而喜，更不要以一事之失而忧，应该以动静、发展的辩证思想来看待世事，如此才不会患得患失、心境才能平和，人生才能快乐。

四、《陈式太极拳九节十八要论》

（注：此文发表在《中华武术》2012年第5期）

人体有九大运动关节部位，分别是颈、肩、肘、腕、脊、腰、胯、膝、踝。做任何运动都离不开九大关节的支持。如果某一个部位关节没有达到某一个动作的生理或技术的要求，那么人体在做这个动作的时候，动作质量就会受到影响。同样的道理，要想练习好陈式太极拳，就必须掌握练习陈式太极拳对各关节部位的技术要求，否则就很难练好陈式太极拳。这也是由陈式太极拳整体技术框架结构所决定的。陈式太极拳以缠丝劲为核心，身体要求是虚领顶劲、立身中正，劲力要求是节节贯穿、周身一家。针对这些技术要领，在练习陈式太极拳的时候，身体的各个关节就要有服务于这些技术要领的特殊性要求，应该做到以下几点。

（一）颈要松、要竖

练习陈式太极拳，颈部肌肉一定要松，但不能软，也不能僵。在思想意识当中要有上竖之意。这样不仅可以使下颌微收，更有利于头部的"虚顶领劲"和脊背的"上下相拔"。

（二）肩要沉、要虚

练习陈式太极拳，要求"沉肩坠肘"。肩关节一定要有因手臂向下垂挂而得到的松沉的感觉。不能僵硬、不能耸肩、不能夹腋，也不能故意下沉，感觉要自然，并要有稍微外撑之意，以保证腋下要虚。在行拳过程中，特别是在做捋的动作时，练习者容易出现"夹腋"的情况，出现"夹腋"会使劲力不顺畅，导致手臂部位丢失掤劲。在推手的时候更容易出现"匾"的技术病状，这是练习陈式太极拳常见技术病症之一，所以要倍加注意。

(三)肘要坠、要撑

练习陈式太极拳,要求"沉肩坠肘"。"坠肘"就是要求肘关节因手臂的重量而在运动中有自然下坠之感,不能轻浮,不能上架,更不能过度外翻。一般情况下,手臂运动过程中,肘关节都要保持微曲,并在上臂和前臂之间要有撑拉之意,以保持手臂的掤劲。无论肘关节如何运转,手臂都要有向外的掤劲,这是陈式太极拳对劲力技术最基本的要求。

(四)腕要随、要弹

练习陈式太极拳,腕关节要随着手臂而动,这样才能使手和臂在劲力运行中合为一体,使劲力节节贯穿地传送到手之梢节。也就是说,在腕关节部位不能有折腕、断劲的现象。同时在手臂运行过程中,要使腕关节保持一定的弹性,这样才能使整个手臂的掤劲及其他劲力在手的部位得以顺畅体现。

(五)脊要拔、要绷

练习陈式太极拳,要求是"含胸拔背"。如果不故意向外挺胸,其自然会有"微含"之意。而脊背一定要有自然的抻拔之感。因颈部有上竖之意和腰部要向下松垂,这样,脊柱椎骨所形成的生理弯曲——胸弯就会有抻拔和绷紧的感觉。绷劲是由自然抻拉而得,脊背肌肉要自然,不能僵硬。"拔",不能理解为向上提拔,要避免弯腰弓背。

(六)腰要垂、要领

练习陈式太极拳,腰劲要向下垂沉,同时要直腰,不可以弯腰。腰劲下沉,既可以稳定重心,又可以避免气浮。练拳气浮，是练习陈式太极拳最常见技术病症之一，多是由于腰劲没有向下垂沉而引起的。另外，在做动作的时候，腰部又要有启领、带动的作用。陈式太极拳要求"以腰为轴"，肢体动作多是因腰先动而随着动的，所以腰一定要起到启领的作用。只有这样，劲力才能由下肢传递到腰，再由腰上传到脊、肩、臂，最后传递到手指，以达到节节贯穿的劲力技术要求。

（七）胯要开、要连

练习陈式太极拳，要求开胯圆裆。开胯是指胯部关节和肌肉的感觉，而不是把两腿分开很大角度。圆裆是指大腿根部内侧要圆。开胯的同时又要圆裆，两者要兼顾、合二为一。要想达到这个要求，一定要在想象中把两条腿在裆、胯部位连成一体，形成一个拱形，即字母"n"的形状。这样，在行拳的过程中，无论如何拧转，都只是在"n"的形状上发生变化，即使身法转换，也能保持外胯松而内裆圆，并使身体上、中、下三节浑然一体、周身一家。只有胯开裆圆，才能更加易于步法的进退和重心的变换。

（八）膝要转、要催

练习陈式太极拳，要注意灵活转膝以配合重心的转移、身法的变化和步法的进退。腿是身体重量的主要承载部位，膝关节对于身体的起伏、辗转起着关键的作用。只有灵活转膝，才能使劲力螺旋式上下传递。同时膝关节要有向上催送的劲，膝关节的旋转、催送，能使缠丝劲节节贯穿，更能使劲力发放得浑厚而顺达。

（九）踝要定、要旋

练习陈式太极拳，步法要轻灵而沉稳。上步如猫行，落地要生根。步法在进退之间，踝关节要有旋转动作。一般情况下，站立脚的脚踝要以定为主，而开步的脚踝都要做一定的旋转动作。当足底逐渐踏实以后，五趾要抓地，踝关节要起到固定把持的作用。当只有身形发生变化的时候，踝关节下部要固定，以配合稳足；上部要旋转，以配合转膝，这样才能使重心平稳，使劲力顺利贯穿，使身法自然。

五、《陈小旺太极拳十大要论》

（注：此文发表在《中华武术》2016年第4期）

陈小旺，1945年出生于陈氏太极拳发源地河南省温县陈家沟，陈氏第十九世、陈式太极拳第十一代嫡宗传人、国际太极拳大师、中国武术九段；国家级非物质文化遗产项目代表性传承人。1990年，陈小旺创建世界陈小旺太极拳总会，开始在世界各地传授太极拳，至今海外弟子已超过三十万名，对太极拳和中国文化在海外推广做出了巨大贡献，2013年被中华人民共和国文化部、中央电视台等单位联合评定为"中华之光——传播中华文化年度人物"。陈小旺经过半个多世纪的刻苦练习和精心传授，无论是太极拳技术，还是太极拳理论都达到了一个崭新的高度，他的太极拳理论正在逐步形成自己的体系，这个体系完整而独特，对太极拳的多个方面进行了较为权威的论述，归纳起来主要有以下十大要论。

（一）要把太极拳转入科学化

要把太极拳转入科学化是陈小旺提出的、具有划时代意义的一个观点，指明了太极拳发展和研究的方向。

在过去的太极拳发展进程中，人们对于太极拳的认识都是比较模糊的，觉得太极拳很神秘。陈小旺指出："所谓神秘的东西就是里面没有搞清楚，又有特种效果的地方。太极拳就是这样，能把人打出去，又能健康长寿，里面是什么东西，很多人搞不清楚。那就变得神秘了。如果我们把里面搞清楚了，那系统起来就是科学。我就是要把太极拳转入科学，往前推进一步。"基于这种理念，陈小旺的理论摆脱了套用一些传统拳论中玄乎其神、人云亦云的习惯，从具体的技术、内容出发，运用运动学、生理学、中医学、经络学、力学、心理学、哲学等学科的基本知识和理论来解释论述太极拳，这样就能够使人们有凭有据、通俗易懂地了解太极拳、认识太极拳。这种了解和认识是深入浅出的、易于接受的、科学的。把太极拳转入科学化观点的提出，也为太极拳进行深度科学化研究提出了具体方向。

（二）练习太极拳要先健身，然后才是增长功夫

陈小旺明确指出，练习太极拳要先健身，然后才是增长功夫。练功是以身体为基础的，要把身体练得健康。就像做生意一样，生意需要本钱，身体就是练功的本钱，如果把身体练得伤痕累累，那就等于把本钱赔进去了。所以，练习太极拳要先把身体练得健康，培其根则枝叶繁茂，润其源则流

脉之长。只有身体好了，才有可能把功夫练好。练习太极拳要依据自己当时的身体条件决定运动量的大小，不能盲目追求增长功夫而忽视运动量的合理性和锻炼过程的科学性。有些人只是为了增长功夫，不注意自身情况，把自己练得伤痕累累，这样的做法是不可取的，也是不科学的，更是得不偿失的。这是我们应该避免的。

（三）练习太极拳的核心内容是修身养性，并要不断减小误差

学习太极拳要练习什么？这对于太极拳爱好者来说，听起来好像不是一个什么问题，但这确实是一个真正的问题。大多数人会说学太极拳就是练套路、练招式、练内劲、练推手、练实战等。但这是不全面的。陈小旺对学习太极拳要练习什么做了全面而明确的诠释：练习太极拳，练身是一半，练心是一半，结合起来就是修身养性。我们把不合乎太极拳运动体系的动作称为误差。通过不断练习，逐渐缩小运动当中的误差，精确运动体系，叫作"修身"。我们练习太极拳技术的同时，在生活中要注重心理方面的修炼，身体健康可以影响心理健康。同样，心理疾病会影响身体健康，身体疾病又会影响心理平衡，这是一个恶性循环。如果只是锻炼身体，总是想不开，心理就会失去平衡，这也是不科学的，我们要用阴阳哲学思想来武装头脑，把不利的部分有序地转动起来，心理就不会失去平衡，减少心理上的误差叫作"养性"。学习技术以"修身"、调节心理以"养性"，两者缺一不可，同时还要不断地减少动

作误差和心理误差，只有这样我们才能提高技术水平、提高心理健康水平，实现学练太极拳的真正目的。

（四）练习太极拳就是要建立以丹田为核心的一动全动、节节贯穿的运动体系

在传统太极拳理论中，常常能看到意守丹田、气沉丹田的说法，甚至有丹田内转的论述，但是都没有陈小旺的观点具体。陈小旺认为太极拳虽然千变万化，有各种不同的套路、器械、推手，也有很多变化，但只有一个核心，那就是丹田。练习太极拳就是要建立以丹田为核心，一动全动、节节贯穿、一气贯通的运动体系。一方面，太极拳的动作要领中要求的松胯、圆裆、含胸、塌腰、开胯、屈膝、头往上顶等，都是为了符合以丹田为核心的这个要求。全身各部位做到位了，丹田的核心地位就自然形成了。另一方面，丹田的核心地位确立以后，反过来丹田的旋转运动又能带动身体各部位同时运动，运用丹田带动全身一动全动，劲力节节贯穿，就形成了以丹田为核心的整体的螺旋缠丝运动体系，这样就形成了太极拳的运动体系，这就是太极拳的运动规律。练拳的真正目的不是仅仅练拳，不能只看表面，而是要找到、抓住太极拳的运动规律，全身通过遵循这一个运动规律形成一个运动体系。练拳是一种手段，目的就是形成这个运动体系。抓住这个运动规律，自然就可以构建起这个运动体系。在学练太极拳过程中，通过练习动作努力形成和完善以丹田为核心的运动体系，逐渐减少运动误差，是提高太极拳水平的关键。

（五）太极拳有三种不同的运动形式

太极拳的外在表现技法是极其丰富的，招法变幻多端，不仅仅有武术中常见的踢打摔拿，还有其特有的掤、捋、挤、按、采、挒、肘、靠等实战方式，从表面上来看，太极拳的运动形式是很难理解的。陈小旺经过多年练习和研究，概括出了太极拳的三种运动方式。第一种运动形式是丹田左右旋转的运动方式。丹田左右形成了躯干的缠丝，躯干的缠丝影响到肩、肘、手，使肩、肘、手形成缠丝。这样就形成了丹田、躯干、肩、肘、手的缠丝，丹田旋转影响胯、膝、踝，脚和上肢动作一样，丹田、髋、膝、踝形成下肢的缠丝。最后形成了以丹田为核心的一动全动的旋转缠丝的运动体系。第二种运动形式是丹田的前后旋转，由前往后或由后往前的胸腰折叠运化，只是前后旋转，带动上下，虽然运动形式不同，但是以丹田为核心这个运动体系不变。第三种运动形式是丹田既有前后又有左右的旋转，是介于第一种运动形式和第二种运动形式之间兼而有之的斜向或者混合一体的运动形式，它不是丹田单独的左右旋转，或者丹田单独的前后或后前旋转，而是既有前后又有左右的运动方式。太极拳的动作往往同时含有三种运动形式，只是所占比例不同。这三种运动形式都是以丹田为核心的，丹田运转形成身体的整体螺旋缠丝运动形式，这是太极拳的运动规律。通过陈小旺对太极拳三种运动形式的精准概括性阐述，我们对于太极拳运动形式的认知和理解就更加容易了。

(六)练习太极拳需要经历两个阶段

练习太极拳需要经历两个阶段,第一阶段是以外形动作引动内气的阶段,第二阶段是以内气催动外形动作的阶段。外形动作和内气是相辅相成、互相配合的,外形动作可以导致内气活动,内气活动又能催动外形动作。初学时,在定势时掌握陈式太极拳对身体各个部位的要求,能使"心气下降,气沉丹田"。运动时再按照太极拳的运动规律及其对身法的具体要求进行练习,以腰为轴节节贯穿,可以引导内气出入丹田。外形引动内气难免出现误差,但是只要明确运动规律,就能认识到有误差的存在,一遍一遍地练习,就可以缩小误差。动作基本协调以后,内气能够贯通,待内气的流量加大到一定程度,运动质量就会产生变化,以内导外,内气不动则外形不动。内气一动,外形随气而动。由外到内变成了由内到外,功夫不断累积,运动就会产生质的变化,即从以外形引内气阶段过渡到以内气催外形阶段。内气贯通使肢体成为系统的运动体系,一处动百骸皆随,一处静全体皆静。在此基础上继续下功夫巩固其运动体系,使其在任何干扰下,都能顺应客观条件的变化,立于不败之地。

(七)掌握太极拳的用法需要三个步骤

掌握太极拳的用法是太极拳练习者追求的一个主要目标,但是要想真正掌握太极拳的用法是不能急于求成的,需要三个步骤。第一个步骤是用意动作。初练太极拳的时候,千万不要追求太多用法,如果追求太多用法,身法不协调,必然顾此失彼。刚开始的阶段要注意技术要领、运动路线、手脚运行的方向，要努力把套路练习得准确。从盘架子开始，熟练一个套路，慢慢地反复练习，运用缓和的动作可以带动内气的运行。第二个步骤是用意气的贯通。在这个过程中认真地、一遍一遍地练习动作，主要是寻求运动规律，缩小运动当中的误差，达到一气贯通，这样内气的流量就会逐渐加大。第三个步骤是意在用法，讲究用法。经过前两个步骤，只要准确地掌握了运动规则，练到一定程度，自然会"用法"。练得准确，身体记得，自然反应才好用。练拳时无人如有人，遇敌时，自然反应，就会有人如无人。

（八）身体各部位是否能支持丹田这个核心是评价太极拳动作正确与否的基本标准

在练习太极拳的时候，我们的动作要符合头往上领、含胸、塌腰、屈膝、松胯、圆裆等各项要求。这些要求都是为了一点，那就是身体的各个部位要支持丹田。动作做对了，就会形成丹田这个核心，劲力就会逐渐贯通全身，练拳时气就会跟着动作运行。如果动作不能支持丹田这个核心，就说明动作不对，存在比较大的误差，就会影响到健身效果和功夫的增长。练习太极拳就是要我们坚持那些正确的要求反复地练习，让身体各部位的动作支持丹田，缩小运动中的误差，形成以丹田为核心的运动体系。

（九）太极拳功夫可以分为五个层次

练习太极拳必须循序渐进，一层一层由浅入深。从学习太极拳的第一个动作开始，一直到成功，共分为五层功夫。每层功夫标志着练拳者功夫的深浅程度和水平的高低。第一层功夫是从学习第一个式子开始，一招一式，按照招式要求的方向、角度、位置等外形的姿势与动作进行练习，就是要把拳架练熟，并且随着锻炼质量的提高，逐渐引起内气在肢体内活动，就是以外形引内气的过程，也就是从第一层功夫进入第二层功夫的分界线，这就是由招熟而渐悟懂劲。第二层功夫的任务是进一步去掉在练拳时身手内外产生的僵劲和拙力，使身手内外协调一致，达到周身相随节节贯穿，内气按拳架姿势的要求有规律地在体内运行，达到一气贯通。第三层功夫掌握了练习太极拳的内外要求和运动规律，有了自我纠正的能力，一举一动先用意而后动形，也就是在大脑支配下进行意气运动。在练习太极拳时，肢体动作是意的外部表现，隐于内的是内气活动的过程，显于外的则是神态和外气的动荡表现，内气可由内发之于外，也可由外敛之于内。有了对动作的熟练掌握，然后就要进一步追求技击的方法，明确逐势的技击含义，可以加大运动量，还要抖大杆子，练习刀、枪、剑、棍等器械和单势发劲动作，同时还要多练推手。第四层功夫是由中圈而小圈阶段。练到了第四层功夫要对具体练习的方法，动作要领，逐势的技击含义、注意事项以及逐势的内气运行，呼吸与动作配合等完全掌握，在练习太极拳时，需要有临敌之意。在练拳时假设周围都是敌人，在意识的指挥下，皆有中气收放，宰乎其中，与周围假设性的敌人进行激烈的战斗，即"练拳时无人如有人"。真正遇敌交战，要做到胆越大、心越细，"有人如无人"。第五层功夫是由小圈而无圈，也就是由有形归无迹的阶段。练到第五层功夫，内劲十分充足，动作又非常活顺，一动一静俱浑然。在技击方面达到虚实变换，刚柔相济，一举一动，阴阳皆能调节平衡，八面支撑，周身处处皆太极的高级境界。

（十）掌握练功方法抓住运动规律，太极拳就不会失传

太极拳的功夫是可以流失的，练拳如逆水行舟不进则退。如果不坚持锻炼提高，功夫就会流失，套路也会忘记。在太极拳方面要看练功方法，要看能不能抓住练功的运动规律，如果这个练功的方法没有了，找不到太极拳的运动规律，尽管每个套路都记得很准确，刀枪剑都会练，但单练花架子，出不了真功夫，那也叫作失传。练拳的真正目的不仅仅是练拳，不能只看表面，而是要找到、抓住太极拳的运动规律，全身通过遵循这一个运动规律形成一个运动体系，这样才能出真功夫，所以说掌握了这种练功方法，使这个运动规律不失传，太极拳就不会失传。

六、《武术中的缠丝劲》

（注：此文发表在《武林》2003年第8期）

（一）何谓"缠丝劲"

提起"缠丝劲"，大多数武术爱好者并不陌生，但若问什么是"缠丝劲"，却不一定能回答上来。那么，什么是"缠丝劲"呢？我们从字面意思可以把它理解为像缠丝线（或缠铁

丝等可缠绕物品）一样的劲力。在现实生活中，缠绕丝线一般有两种方式，一种是把丝线缠绕在同一水平面内，另一种是把丝线缠成螺旋状，这种螺旋状不一定规范，可能形成上升弧线，也可能形成下降弧线。如果是横向缠绕，那么就会形成或左或右的伸缩式螺旋状弧线。这种现象来源于生活，因此我们比较容易理解。那么在武术运动中又有什么不同呢？就我个人的理解，从武术动作本身出发，身体的某一部位在同一平面内沿着弧线运动可称为转，而身体的某一部位沿着纵向或者横向螺旋式弧线运动则可称为旋。在武术动作中，由旋和转动作产生的劲力都是呈弧线或螺旋状的，都可称为"缠丝劲"。

（二）"缠丝劲"是太极拳独有的吗？

由动作的旋、转产生"缠丝劲"，而旋和转是武术动作中普遍存在的运动方式。以长拳中的冲拳为例，长拳中的冲拳多是从腰间向外发出的。一般情况下，拳在腰间时拳心都是向上的，向外冲时，通过手臂内旋翻转成拳心朝下、拳面前领、发劲而出，力达拳面。拳的路线虽然是直线，但是拳的力量却是呈螺旋式向前发出的，从力的运行方式上来说，这种力也是一种"缠丝劲"。在其他传统武术流派中，这种力的运行方式也是普遍存在的。如劈拳和钻拳在形意拳中是最常见的基本技法。劈拳的动作是由三体式开始，在步法的配合下，一只手下按回带，另一只手前探翻转下劈，动作以翻转为主。钻拳则是一只手翻转盖压，另一只手向前上方旋转而出，要求小指一侧上翻，动作以旋转为要。前者的翻和后者的旋产生的劲力也都可称为"缠丝劲"。在八卦掌的基本技法中也有翻转的要求。以单换掌为例，其身形要求拧转，其掌法则要求翻转外撑。其身法的拧转和掌法的外翻产生的劲力也可以看成缠丝劲。就连被人们称为外家拳的少林拳，在其动作中同样存在着这种缠丝旋转的劲力。在其拳诀中就明确要求"拳宜滚出滚入"，这种滚出滚入本身就是旋转，旋转产生的劲力也可以称为"缠丝劲"。由此可以得出结论，"缠丝劲"不是太极拳独有的劲力方法，其他武术流派中同样存在着"缠丝劲"。

（三）太极拳的"缠丝劲"与其他武术流派的"缠丝劲"有何不同？

"缠丝劲"不是太极拳独有的，但是我们常说太极拳特有的"缠丝劲"，我觉得这种说法并不矛盾。"缠丝劲"是普遍存在于武术动作之中的，其他流派动作中的"缠丝劲"与太极拳的"缠丝劲"在本质上是一样的。只不过在其他武术流派中，大多以讲解和传授动作技法为主，而把劲力方式放在次要地位，甚至有的门派因为着重于动作的技术要领而忽略其劲力的介绍，劲力只是蕴含于动作之中而已。相反，太极拳把"缠丝劲"作为指导训练的核心纲领，把它当成衡量太极拳技术的一个常规标准。它是太极拳劲力的统称，因此"缠丝劲"是太极拳特有的提法绝不为过，而且是恰到好处。"缠丝劲"三个字全面准确地概括了太极拳劲力体系特点。这种劲力的特点是由太极拳运动方式决定的。太极拳要求动作"勿断勿直",必须沿弧线运动。要想达到动作完全沿弧线运动这一目的,必须通过身体的旋和转才能实现,也正是因为有了身体的旋和转才产生了弧线和螺旋式运动,才产生了"缠丝劲",这是由太极拳动作特点决定的。因此,在训练太极拳"缠丝劲"时,首先应该注意动作的旋和转是否做到恰到好处。劲力是由动作决定的,动作的运动方式决定了劲力的特点。只有身体动作的旋转才能产生弧线的运动方式;只有身体的旋转才能形成完善的"缠丝劲"。陈鑫在《太极拳图说》中言"上缠、下缠、左缠、右缠、顺缠、逆缠、大缠、小缠。""缠丝劲"作为一种劲力的方法,与其他劲力相比有什么独特之处吗?有独特之处是可以肯定的。有人认为"缠丝劲"只是像缠丝线一样的一个劲力,而我认为"缠丝劲"是一种组合劲,它是由多个力组成的。对"缠丝劲"的这种认识来源于对太极拳动作的理解和分析。以陈式太极拳单手正面缠丝为例,单手是在体前沿椭圆形轨迹运行,在整个运行的过程中,手臂的上掤和下捋以及中间的转换都是由旋转而成的弧形动作,手和手臂的任何一点都可以形成"缠丝劲"曲线,而手和手臂的任何一个部位都有力点的存在,这样,手和手臂会形成一个由"缠丝劲"组成的立体框架结构。这种劲力框架结构在施加给对方力的时候,随着力点的不断转换,施加给对方的劲力是不断变化的,施加给对方力的方向和大小也会有所不同,也就是说施加给对方的是一组力而不是两个力，所以对方不容易化解。而在化解对方劲力的时候，由于手臂的旋转和身体的旋转可以使手臂上的力点不断发生变化，这种变化可以把对方的力分解成多个分力。以双人单推手为例，两个人搭手以后，如果一方施加力给对方，那么受力方首先就要用手臂的掤劲接住对方的劲力，然后通过身体的旋转带动手臂并牵领对方的劲力使它的方向发生改变，使对方的劲力沿着自己的手臂运动的切线方向（因为自己的手臂是沿着弧形运动的）产生一个分力，同时旋转自己的手臂，这样可以使对方的劲力沿着旋转的方向再产生一个分力。而接触面的每个点都会产生同样的分力效果。因此，受力方通过运用旋转的"缠丝劲"产生的效果就是，他们所用的向外掤劲、向旁边牵领的劲以及旋转用力都明显小于对方施加的劲力。这就是说，运用很小的力就可以化解对方很大的力，也就是大家常常提到的"四两拨千斤"。这就是"缠丝劲"的绝妙之处！

双推手的实际应用过程相对而言比较复杂，但道理是一样的。只有运用弧形和旋转动作，才能产生"缠丝劲"；只有运用"缠丝劲"，才能使我们运用很小的力就可化解对方很大的力。不断提高"缠丝劲"水平，是练习太极拳功夫的基本；灵活运用"缠丝劲"，是太极拳练习者追求的最高境界。从一定程度上讲，"缠丝劲"只是对太极拳劲力特点的整体概括，认识和掌握了"缠丝劲"，只是为提高太极拳功力奠定了必要的基础，而要想拥有高超的太极拳功夫，不仅要掌握好"缠丝劲",还要灵活运用掤、捋、挤、按、採、挒、肘、靠八种具体发力方法,并且还要与动作招式以及粘、黏、连、随等具体应用技巧相结合,这样才有可能使动作产生实际的攻防效果。太极拳功夫是一种高深的实践功夫,我在这里只是纸上谈"劲"而已,仅希望从太极拳动作本身的角度对传统的太极拳理论作一些剖析和探讨,一家之言错谬难免,不求同道都能赞同。若您认为还有一些道理,本人就心满意足了!

后　记

《太极八法五步》得以顺利出版，我要特别感谢人民体育出版社孔令良主任、何佳编辑和钟魏莲编辑，在整个写作成稿的过程中，一直得到三位热情而专业的指导。

我年少的时候离家去河南学练武术，最早学练的是少林拳和陈式太极拳，学习内容一直在扩展，后来对各种传统武术都有接触和学习，只是涉及多少不同而已，即使我拜师以后，对各种武术的学习也没有排他心理。我觉得武术在某种意义上是相通的，都是肢体语言，是身体运用的技能，是集实战应用技术、健身养生方法和表演欣赏功能为一体的三元化运动体系。学练者对武术的选择或多或少有所侧重，有人侧重练习实战，有人侧重健身养生，也有人侧重表演，各有所需，因人而异。

我一直在坚持练习和教授太极拳，在教与学的过程中，深深地感受到了太极拳对健身养生的好处。坚持习练太极拳可以全面提升人体的呼吸系统、循环系统、消化系统和内分泌系统的功能，不仅可以调和人体之阴阳，疏通人体之经络，培养人体之正气，达到增强身体素质、提高免疫力、促进气血旺盛平衡的效果，还可以调节心理压力，改变不良情绪，产生未病预防和调理治疗的功效。

太极拳是中华传统武术中的一种，属于内家拳体系，因

后 记

为其健身养生效果明显、运动安全系数高而被广泛推崇。

国家体育总局推出太极八法五步以后,全国各级武术协会进行了普及推广教学,受到广泛关注。我学练以后,觉得这个套路非常值得推广,它既可以让练习者掌握太极拳基本技术,又能达到良好的健身养生效果,还可以提高太极拳的实战技能。因此我对这个套路进行了详细的分析和解读,希望我的分析和解读能让更多的太极拳爱好者受益。

练好太极拳是一个体悟的过程,要想达到健身养生、提高实战能力的效果,必须经历一个由量变到质变的过程。

无论是想通过练习太极拳来健身养生,还是通过练习太极拳来提高实战技能,首先要把动作学正确。所谓"动作正确",就是要使动作符合技术要求的同时,还要符合自己的生理要求。如果一个动作在演练的时候,让你感觉别扭,那么这个动作对你来说一定是不正确的。对于不正确的动作,你一定要重新审视它的细节,反复琢磨直到顺遂自然为止。其次,要精神内敛。所谓"精神内敛",就是在演练动作的时候,一定把注意力放在动作上,放在动作的技术要领上,放在动作如何运用上。只有这样才能不断提高技术动作的质量,才能提高实战意识,才能达到守一而静心的养生效果。如果你练习太极拳时随随便便地比划一下,根本不会达到健身养生的效果,更不可能通过练习太极拳来提高实战技能。最后,就是在动作正确、精神内敛的状态下,长期反复地练下去,经过长期的有质量的练习,积累运动次数,积累运动总量,这样才能由量变到质变，从而达到健身养生和实战方面都提高的良好效果。

正所谓艺无止境，我也处于不断学习和提高的过程中。书中跟大家分享的内容只是个人见解，由于水平有限，如有不妥，敬请批评指正。

本书技术动作由向燕示范，动作照片由李槐龙拍摄。在编写过程中，一直得到家人的支持，女儿对文稿进行了检查和完善，使文字更加准确、流畅；徒弟孟庆春、李友亮、谷志成、刘翠梅、刘翠杰、刘子霞、么宝奎、郑清学、赵如骞、孙升东、孙思佳、姜智勇、李秋堂、孟祥宇、韩志昊、曹壮、计云鹤、肖伟珍、翁春燕、张细梅、黄海燕、陈秋月、谢宝贤、范家诺、毛彬、王海桥、桂莹、王婷婷、王尔康、谭新梅、陈世泽、杨丽芬、李槐龙等人给予了充分信任和鼓励；同时还得到武术界朋友戚艳萍、浦煜芳、陈大炫、罗小宝、国亚振、刘壮壮等人的大力支持，特别是好友小邓、燕子、平哥在诸多方面给予关心和帮助，在此一并表示衷心感谢！

徐海亮于佛山龙江
2021年1月17日